AF409511

Eyal Nir y Amit Offir

Progresar

en los negocios y la vida

Traducción:
AMB TRADUCCIONES

Diseño de tapa:
JUAN PABLO OLIVIERI

Eyal Nir y Amit Offir

Progresar

en los negocios y la vida

Los secretos para crear oportunidades

GRANICA

ARGENTINA - ESPAÑA - MÉXICO - CHILE - URUGUAY

ARGENTINA
Ediciones Granica S.A.
Lavalle 1634 3º G / C1048AAN Buenos Aires, Argentina
granica.ar@granicaeditor.com
atencionaempresas@granicaeditor.com
Tel.: +54 (11) 4374-1456 - ☎1158549690

MÉXICO
Ediciones Granica México S.A. de C.V.
Calle Industria N° 82 - Colonia Nextengo - Delegación Azcapotzalco
Ciudad de México - C.P. 02070 México
granica.mx@granicaeditor.com
Tel.: +52 (55) 5360-1010 - ☎5537315932

URUGUAY
granica.uy@granicaeditor.com
Tel.: +59 (82) 413-6195 - Fax: +59 (82) 413-3042

CHILE
granica.cl@granicaeditor.com
Tel.: +56 2 8107455

ESPAÑA
granica.es@granicaeditor.com
Tel.: +34 (93) 635 4120

www.granicaeditor.com

Nir, Eyal
    Progresar en los negocios y la vida : The BuDo-Way / Eyal
Nir ; Amit Offir. - 1a edición especial - Ciudad Autónoma de
Buenos Aires : Granica, 2021.
    272 p. ; 22 x 15 cm.

    ISBN 978-987-8358-40-6

    1. Autoayuda. I. Offir, Amit. II. Título.
    CDD 158.1

ÍNDICE

Agradecimientos

EYAL NIR

A mi familia, Michal, Lior y Neta, por acompañarme a lo largo de todos estos años en un camino poco convencional que elegí al darme cuenta de que cada uno debe expresar su personalidad individual a su manera para realmente ser feliz y transitar una vida significativa.

A mi madre, Ruth Nir, quien siempre ha apoyado mi esfuerzo y mis decisiones, incluso cuando no comprende hacia dónde voy y por qué tomo tales riesgos a lo largo de mi camino.

A mi difunto padre, Meir Nir, quien no pudo ver el comienzo de este libro, pero espero y creo que estaría muy orgulloso de su resultado.

A mi difunto maestro, sensei Nishiyama, quien ha sido fuente de conocimiento, admiración e inspiración tanto para mí como para otros durante muchos años. Su espíritu y sabiduría se reflejan en cada página de este libro.

AMIT OFFIR

A mi familia. Gracias por darme infinita inspiración en mi proceder en diferentes situaciones de la vida, en tiempos tranquilos y ajetreados; y por saber escucharme y apoyarme. Sin su ayuda no habría podido escribir este libro.

A mi padre Eli, "La efectividad para mí es la habilidad de aprender a completar tareas con éxito del principio al fin sin temer o dudar de mi capacidad".

A mi madre Lea, "La efectividad para mí se mide con la premisa de haber completado con éxito todos los objetivos que me propuse durante el día".

A mi hermano mayor Shachar, "La efectividad para mí es la habilidad de hacer todo a tiempo, así incluso en los momentos más atareados habrá tiempo para hacer todo".

A mi hermano menor Raz, "La efectividad para mí es la habilidad de combinar el buen trabajo con el momento oportuno".

Introducción

Esta parte del libro incluye:

- Finalidad del libro - Por qué lo escribimos
- Sobre los autores
- Introducción por Eyal Nir
- Introducción por Amit Offir
- Reseña de la estructura del libro y pautas para optimizar su uso
- Por qué escribimos este libro
- Mensaje de los autores

Finalidad del libro

Este libro fue escrito para ayudarte a convertirte en una persona más efectiva, más precisa, eficiente y productiva; y que al mismo tiempo puedas llevar una significativa, equilibrada y, por lo tanto, feliz vida. Se diseñó para ayudarte a alcanzar tus metas y superar los límites que usualmente enfrentamos en este contexto del siglo XXI. El libro ofrece diferentes recursos y métodos efectivos, los cuales nos han ayudado a batir un récord tras otro, volviéndonos cada vez más efectivos y exitosos al lograr cada meta que nos propusimos.

No podemos garantizar tus logros al aplicar las ideas y los métodos que aquí presentamos, ya que ese éxito depende de tu convicción y determinación al implementar estos métodos a tu manera. Sin embargo, podemos dar fe de que estos principios nos han funcionado a nosotros y a miles de personas que han experimentado grandes resultados luego de asistir a nuestros seminarios e implementar nuestros métodos.

El libro se divide en partes. De esta manera, permite ponerte a prueba a ti mismo y a tu progreso al momento de intentar poner en práctica cada una de las ideas o métodos presentados, al mismo tiempo que evalúas y mejoras tu rendimiento para así convertirte en una persona más efectiva y lograr mejores resultados.

Esperamos que esta obra te ayude a transformar y mejorar tu vida a nivel tanto profesional como personal, convirtiéndote en una persona más capaz.

Te agradecemos por confiar en nosotros.

Sobre los autores

Sensei Eyal Nir posee una larga carrera que combina una vasta experiencia con actividades profesionales de primer nivel. Lidera proyectos e iniciativas internacionales en las áreas de:

Artes marciales: sensei Nir se desempeña como presidente de la Federación de Karate Tradicional en Israel. Fue campeón mundial de karate tradicional en 2019. Es cinturón negro de 7° Dan en karate tradicional e instructor y jurado internacionalmente certificado.

Tecnología: posee un master en ciencias en ingeniería eléctrica y, durante muchos años, ha gestionado proyectos y liderado equipos de investigación y desarrollo en la industria tecnológica.

Educación: es un orador de renombre en encuentros y eventos internacionales, con años de enseñanza en institutos académicos con un enfoque en inglés empresarial y sistemas de información.

Marketing y ventas: se desempeñó durante años como Director de Producto en empresas líderes mundiales, y luego como Gerente de Marketing y Ventas en el mercado tecnológico internacional.

Programa BuDo-Way: ha creado este proyecto único que conecta la sabiduría de las artes marciales con la vida en el siglo XXI, para dar acceso a la sabiduría BuDo al público en general y ofrecer herramientas para el éxito relevantes y aplicables. Ha ofrecido varios seminarios sobre BuDo-Way en todo el mundo y aporta a este libro gran parte de su experiencia y conocimientos adquiridos.

Para contactar al sensei Nir o unirte a alguno de sus seminarios a lo largo del mundo, por favor visita el sitio web del proyecto: https://www.budo-way.com/

AMIT OFFIR es profesor, asesor de negocios y experto internacional en la comunicación a través del dibujo. Además de este libro, ha escrito y creado múltiples libros y artículos sobre empoderamiento y *bestsellers* internacionales en diferentes categorías. Entre estos libros se encuentran: *The Beetle That Wants to Be* y *Even Dragons Gets Scared,* como también ilustraciones e historietas. Sus libros y artículos **han vendido millones** de ejemplares y están traducidos a decenas de idiomas.

Amit se encuentra involucrado en la creación y el desarrollo de productos de información. Estos ayudan a muchas personas a vivir mejor al compartir su conocimiento y su visión, lo que podría resumirse en: "**TODO ES POSIBLE** si lo intentas y nunca te das por vencido".

Amit comenzó su carrera enseñando dibujo y desarrollando un método singular llamado *"Drawing Easily"* (Aprender a dibujar) que ayuda a que niños y adultos de todas las edades disfruten de dibujar. A lo largo de los años se ha consolidado como un experto internacional en el ámbito del dibujo. Sus libros han ganado el primer lugar en varias categorías dentro de las prestigiosas listas de *bestsellers* de Amazon en tres diferentes continentes.

Los singulares métodos de trabajo de Amit son sumamente efectivos y han ayudado a muchos de sus clientes a desarrollar e impulsar sus carreras al implementarlos de manera precisa.

El amor a los viajes ha motivado a Amit a crear un negocio digital que le permite ir libremente por todo el mundo sin afectar sus ingresos. Amit es dueño de varias franquicias que utilizan sus métodos. Eso le permite expandir su conocimiento por todo el mundo.

Amit habla varios idiomas y es un emprendedor por naturaleza. Se encuentra involucrado en el desarrollo de productos de información y contenido en diferentes áreas de empoderamiento, entre ellos el efectivo manejo de la vida y el negocio, la escritura de libros *bestsellers* y la creación de métodos de comunicación a través del dibujo. A lo largo de los años, Amit ha acompañado a muchos expertos, negocios y compañías, y les ha enseñado sus métodos de gestión efectiva, construcción de autoridad y establecimiento de ventaja competitiva. Muchos consideran a Amit un maestro por su efectividad, sus *bestsellers* y la información que difunde.

Puedes contactar con Amit para asesoramiento personal, cursos, seminarios y lecciones acerca de sus áreas de especialización:

amitoffir@gmail.com
*AiKi-Do***https://www.budo-way.com/**

Introducción
por Eyal Nir

Durante muchos años he intentado descubrir cuáles son los ingredientes del "éxito" en la vida. ¿Qué hace que las personas tengan éxito y alcancen sus objetivos en diferentes ocupaciones, negocios, entornos y ámbitos de la vida?

También me he interesado mucho en el tema de la eficiencia, de tanta relevancia en la dinámica vida del siglo XXI.

Por naturaleza, me gusta involucrarme en diversas actividades y disfruto el desafío de realizar múltiples tareas en diferentes áreas y materias. Sin embargo, ¿cómo prosperar y mantener una vida equilibrada que incluya momentos de recreación, tiempo para mi familia y amigos, y tiempo para mis *hobbies*?

A veces parece una hazaña casi imposible evitar caer en la frustración y en la sensación de perder el control de la gran cantidad de tareas y obligaciones pendientes. Con el tiempo descubrí que muchas personas se sentían igual: abrumadas por la magnitud y la cantidad de responsabilidades y obligaciones pendientes que se espera que cumplamos. Por un lado, no darse por vencido ni poner en riesgo las cosas importantes en las que nos involucramos. Por el otro, tener dificultades para estar al tanto de todo, mantener el control y conducir al éxito.

Ser efectivo consiste en lograr con éxito lo que te interesa mientras llevas una vida equilibrada y feliz a largo plazo.

Después de toda una vida de estudio, de aprender de buenas y sabias personas, de leer muchísimo material de interés y de participar en varios experimentos de "prueba y error" sobre mi propia vida, logré finalmente identificar una pequeña serie de "herramientas para el éxito" que una vez adquiridas y aplicadas deberían guiarte al éxito en cualquier interacción con la sociedad.

¿Qué hay en común entre un Gerente de Proyectos de la industria tecnológica, un experto en artes marciales, un profesor universitario y un Director de Producto?

Gracias a mi vasta experiencia durante todos estos años, puedo sin duda dar fe de que las "herramientas para el éxito" que este libro proporciona son fundamentales, aplicables y efectivas en todas estas y muchas otras actividades diferentes.

Las herramientas para el éxito que presentamos en este libro están relacionadas con habilidades humanas esenciales, y por eso son relevantes y aplicables en cualquier interacción de la sociedad, ya sea presentarse frente a una audiencia, negociar, participar en actividades comerciales, resolver conflictos, influir, animar o liderar a otros.

Este concepto se refleja en el nombre de mi programa: "Personal Leadership the BuDo-Way", basado en mi vasta experiencia de vida, ya que implica que uno primero debe adquirir esas aptitudes básicas (personales) antes de poder liderar a otros.

He brindado seminarios de BuDo-Way a miles de personas en todo el mundo, con quienes he compartido estas "herramientas para el éxito" derivadas de BuDo que hoy te propongo que leas, adquieras y apliques en tu vida para ser exitoso.

La singularidad de este programa se refleja en su nombre: BuDo-Way, que se traduce "en el camino de las artes marciales".

De hecho, la singularidad de mi programa, tal como se incluye en este libro, consiste en brindarte a ti, mi querido lector, el acceso a la antigua sabiduría oriental y al valor del conocimiento para que puedas adquirir herramientas para el éxito relevantes y aplicables.

En mi vida personal, he trabajado esos principios durante muchos años, utilizando las respectivas habilidades que adquirí de las artes marciales, así como también de todas mis otras actividades.

En este sentido, el entrenamiento de las artes marciales puede considerarse como un ensayo intensivo de por vida.

Del BuDo he adquirido habilidades para rendir bien bajo presión y mantenerme emocionalmente estable, ser sensible y atento con los demás, utilizar mi cuerpo de manera más eficiente, evaluar a las personas y establecer estrategias apropiadas para conectar e influir en ellas, y ser mentalmente flexible para adaptarme de manera instantánea a nuevas circunstancias. Ellas me han sido útiles al momento de dar mis clases universitarias, al presentar como Gerente de Ventas un producto a los clientes, al resolver conflictos y situaciones de estrés como Gerente de Proyectos dentro de mi equipo en la industria tecnológica, o en mi vida personal al afrontar los innúmeros desafíos que enfrentamos, por ejemplo, al criar a nuestros hijos en la manera que creemos "correcta" en este ajetreado siglo XXI, mientras intentamos disponer de tiempo para nuestro desarrollo personal, *hobbies* y momentos de descanso.

Como se refleja y se potencia en este libro, la esencia del programa BuDo-Way puede describirse con una simple palabra: "puente". Es el que guiará a los participantes del programa, como también a mi querido lector, por la antigua sabiduría BuDo para adquirir herramientas para el éxito que puedan aplicar en sus vidas y proyectos.

Con la eficiencia como tema central, aquí se destaca el concepto de "algunos principios aplicables para innumerables fines". Este es específicamente apropiado para la vida en este dinámico entorno del siglo XXI, donde nos enfrentamos a un "exceso de información", necesitamos abordar situaciones impredecibles, nos supera la incertidumbre y nos encontramos en la constante carrera mental de la multitarea. Por lo tanto, las competencias básicas detalladas a lo largo de esta obra se convierten en "facilitadores del éxito", muy relevantes hoy en día y que ayudan a enfrentar los desafíos desconocidos en el impredecible contexto del mañana.

Las herramientas presentadas en este libro trascienden mi propia "interpretación de las cosas", ya que reflejan la retroalimentación que obtuve de los miles de personas que han participado de mi programa BuDo-Way y han descubierto las diferentes ideas, herramientas y principios.

Una pregunta que a menudo me hacen en mis seminarios y que creo es muy importante para los lectores de este libro es: ¿Pueden adquirirse herramientas para el éxito derivadas de BuDo sin un entrenamiento de largo plazo?

Para detallar un poco más este punto me gustaría destacar que las destrezas en las artes marciales se adquieren luego de años de un dedicado entrenamiento. Por lo tanto, podríamos reformular la pregunta: ¿Pueden las personas adquirir recursos basados en BuDo para aplicar en sus vidas sin invertir en todo el entrenamiento, tiempo y esfuerzo requeridos? Mi respuesta, basada en mi experiencia, es: sí. Y la vida será tu campo de entrenamiento.

Los lectores de este libro (o las personas que participan de seminarios del programa BuDo-Way) se exponen a nuevas maneras de percibirse (física y mentalmente) derivadas de BuDo. Ellas pueden descubrir nuevas formas de ser conscientes y percibir su entorno, mantener un pacífico ser interior dentro de un entorno ruidoso, interpretar a las personas, identificar y crear oportunidades, y convertirse en personas más efectivas.

Al principio esos nuevos "descubrimientos" no se asimilan o aplican lo suficiente. No obstante, ya has dado el primer paso en un nuevo camino, ya que ahora puedes poner en práctica tus nuevos "descubrimientos" en tus rutinas, y mejorar y asimilarlos a través de la experiencia adquirida hasta que esos "descubrimientos" sean asimilados lo suficiente y se conviertan en "habilidades adquiridas"; ya las poseerás y te serán útiles cuando las necesites.

Afortunadamente, la vida nos ofrece un sinfín de ocasiones para practicar y adquirir habilidades, por ejemplo, al enfrentar situaciones de estrés y conflicto, al ejercer una gestión de riesgos, al emplear estrategias para crear oportunidades, al vincularse, superar los fracasos y desilusiones, e influenciar y liderar personas.

Si bien no existen atajos y adquirir una nueva habilidad lleva tiempo, el entrenamiento de los principios derivados de BuDo aquí presentados pueden ponerse en práctica de inmediato a medida que comiences a asimilarlos, al aplicarlos en tu vida en el proceso de conseguir herramientas para el éxito.

Otra pregunta que me hacen a menudo es: "¿Es aplicable el programa BuDo a personas mayores o con discapacidad?"

Mi respuesta, basada en mi experiencia, es: "Absolutamente sí". De hecho, han participado miles de personas mayores.

Permítanme aclarar que los seminarios BuDo-Way y la información que ofrecemos en este libro de ninguna manera son clases de defensa personal. Se relacionan y se construyen sobre el valor de la sabiduría, pero no requieren ni dependen de aptitudes físicas.

Por lo tanto, las personas (incluidas las mayores y con discapacidad) pueden sin duda beneficiarse y aplicar en sus vidas los principios abordados, demostrados y ejercitados durante las sesiones de BuDo-Way o a lo largo de esta obra.

En conclusión, estoy convencido de que los principios derivados de BuDo y las herramientas presentadas en este libro pueden ayudarte a ser mucho más productivo al optimizar tu tiempo, teniendo en cuenta las presiones y las limitaciones de este siglo.

Confío en que disfrutarás con la lectura de este libro en tu camino de crecimiento a lo largo del increíble mundo BuDo-Way.

Y cuando quieres algo, todo el universo conspira para que realices tu deseo.

Paulo Coelho

Introducción
por Amit Offir

Mi conocimiento sobre el mundo de las artes marciales

A pesar de que este libro **no** es sobre artes marciales, nos abre la puerta de ese fascinante mundo al introducir algunos de los principios más importantes tomados de estas antiguas artes y expuestos de una fácil y clara manera para ayudarte a convertirte en una persona más efectiva y así promover tu éxito.

Personalmente, el mundo de las artes marciales me intriga desde que tengo memoria. Todavía recuerdo la gran emoción que me causó ver por primera vez la película *El guerrero americano* cuando era niño. A pesar de que me atemorizaban bastante los Ninjas negros que allí aparecían, y de que por mucho tiempo temí a la oscuridad, algo había en ellos que me atrapaba e hizo que deseara convertirme en uno de ellos cuando creciera.

Más adelante descubrí a Bruce Lee, Chuck Norris, Steven Seagal, Van Damme, Jackie Chan, Jet Li y muchos otros. Sus increíbles destrezas al utilizar sus cuerpos, sus movimientos precisos y el control sobre cada músculo fueron una gran inspiración cuando era niño y a lo largo de mi vida. Muchas veces me encontré volviendo a estudiar diferentes formas de artes marciales para luego incorporarlas de distintas maneras a mi existencia.

Los deportes me acompañaron toda la vida y siempre me consideré un deportista. He aprendido y practicado varios deportes diferentes.

Cuando tenía cinco años mis padres me enviaron a aprender gimnasia. Esa fue la primera vez que descubrí que mi cuerpo era realmente flexible y tras practicar durante mucho tiempo alcancé un nivel alto y pude realizar acrobacias complejas, como flic flac, rol, saltos, apertura de piernas y otras más. Sin embargo, luego de algunos años de entrenamiento decidí abandonar y comencé a jugar baloncesto. Era muy bueno y realmente lo disfrutaba, pero en algún punto sentí que era momento de avanzar y comencé a jugar balonmano. Luego me interesé por el atletismo y comencé a entrenar en el Instituto Wingate.

Los resultados de mi salto de longitud eran admirables para mi edad, pero por alguna razón decidí también dejar esta actividad, y cuando comencé la escuela secundaria me uní a clases de defensa personal. En ese entonces me interesaba mucho aprender a utilizar mi cuerpo para defenderme y desarrollar la confianza en mí mismo. Mi maestro nos enseñó el arte de la disciplina Ninjutsu y en el entrenamiento al aire libre que realizábamos aprendimos técnicas para escalar árboles, diferentes métodos de camuflaje en la naturaleza y maneras de fortalecer nuestros cuerpos, nuestra concentración y nuestros pensamientos.

Luego de un año decidí abandonar esta disciplina y me uní a un gimnasio donde participaba de un programa de entrenamiento intensivo de cinco días a la semana. Mi cuerpo crecía y se desarrollaba muy rápidamente, y hasta incluso llegué a pensar que un día me convertiría en fisicoculturista, inspirado en Arnold Schwarzenegger.

Eso, obviamente, no sucedió. Y cuando terminé mi servicio militar, a los 21 años, comencé el gran viaje de mi vida.

Cuando llegué a Brasil descubrí la capoeira, el arte marcial de ese país, y comencé a estudiarlo junto al mejor maestro de la isla donde viví durante un largo tiempo. Me enamoré del ritmo de ese arte marcial y de la destreza de los guerreros al luchar/danzar de manera sincronizada y tan cerca entre sí, pero al ser tan profesionales pueden patear sin tocarse y se limitan a señalar los puntos débiles del otro para así ayudarse a mejorar. Además experimenté otros deportes como correr, nadar, bucear, navegar, surfear, patinar, esquiar, practicar *bungee jumping*, y también otros muy desafiantes y menos formales, como escalada libre y *parkour* (desplazarse de un lado al otro de la manera más efectiva y rápida posible, superando obstáculos y utilizando el cuerpo para atravesar barandas, paredes y demás).

Al recordar todos esos años en que aprendí a utilizar mi cuerpo de tantas maneras diferentes, me di cuenta de cómo las habilidades que había adquirido me ayudaban a salir adelante en la vida, a batir récords y a ser mucho más efectivo.

Por eso busqué un maestro, un experto en artes marciales que pudiera interpretar y relacionar esos principios fundamentales con la vida cotidiana. Al dedicarme a promover la búsqueda de métodos de aprendizaje acelerado, también era importante para mí encontrar un camino intermedio más efectivo, que estuviera entre los necesarios años de formación y el deseo de adoptar y estudiar los conocimientos más profundos que pudieran ser utilizados por cualquier persona para lograr resultados más efectivos en su vida, incluso si careciera de experiencia previa en artes marciales o del deseo de convertirse en un profesional en esa área.

En la búsqueda de este maestro tuve la fortuna de encontrar a una de las personas más impresionantes que conocí en los últimos años. Luego de una larga conversación supe que él era el compañero ideal para crear este libro basado en potenciar los principios más relevantes de

BuDo (artes marciales) para cambiar tu vida y tu desempeño como persona o dueño de un negocio.

Al conocer al sensei Eyal Nir y luego asistir a sus clases, comprendí la sencillez y el poder de los métodos prácticos que comparte en este libro. Por eso te recomiendo que trabajes con sensei Nir y, si te gusta el libro, que te sientas libre de contactarlo y aprender cómo seguir adelante para lograr el progreso en tu vida y en tu negocio.

En 2000 viajé a Sudamérica y llegué a gestionar un hostel en una de las islas más exóticas de Brasil. En ese entonces tenía 21 años y mi único interés era disfrutar de la vida. Solo quería ser libre. Lo que más amaba era la sencillez del lugar donde vivía. Por ejemplo, todas las mañanas compraba en el mercado los ingredientes para las comidas que preparaba para los huéspedes del hostel, al final de la playa. El pan recién salido del horno y las frutas y los vegetales eran de los más frescos. Parecía que había encontrado la receta para una vida plena.

Recuerdo que antes de regresar a Israel me prometí a mí mismo que continuaría viajando por el resto de mi vida y siempre encontraría nuevos sueños que cumplir. Me aseguro de cumplir esa promesa todos los días. *The Beetle That Wants to Be*, un *bestseller* mundial que escribí cuando estaba en el servicio militar, me guía hasta el día de hoy y me ayuda a cumplir todos mis sueños. El libro trata de un escarabajo que sale al gran mundo con el sueño de encontrar su propósito en la vida, al igual que yo.

Nunca imaginé que publicar ese libro cambiaría toda mi vida. Me motivó a comprometerme conmigo mismo e intentar una y otra vez seguir mi corazón en la vida real, y en especial en tiempos difíciles.

El hecho de publicarlo e inspirar a tantas personas a atreverse a tomar las decisiones en sus vidas escuchando a sus corazones, comenzó a motivarme a salir constantemente de mi zona de confort, a superar mis miedos, a lidiar con las dificultades y los obstáculos del camino, e incluso hasta a redefinir mis limitaciones.

El día que comencé a escribirlo me prometí a mí mismo que nunca me convertiría en un "zapatero descalzo", aquel que enseña cómo hacer pero no lo practica... Es decir, en una mentira.

A pesar de que este libro se escribió solo para ti, espero haberte despertado un poco el interés sobre mi historia y que desees conocerla más para entender cómo pude dibujar sobre más de 500.000 guijarros y convertirme en uno de los dibujantes más veloces del mundo; cómo escribí, ilustré y publiqué decenas de libros en solo un año, y logré vender más de un millón de ejemplares en todo el mundo, al mismo tiempo que llevaba adelante un negocio desde casa.

En este libro te contaré algunas historias y los conocimientos más profundos que a diario me ayudan a transitar mi camino de una manera única y diferente de la del resto del mundo.

¡Creo que este libro puede cambiar tu vida de manera rotunda!

Si lo que buscas en la vida es efectividad, léelo con atención y resalta las partes más importantes. Luego, léelas otra vez. Al momento de implementar las cosas, tu precisión al entender es un factor clave para el éxito.

¿Has notado que la naturaleza humana siempre nos lleva a querer más? No importa cuánto tengamos o hayamos logrado, siempre avanzamos hacia el próximo objetivo. Constantemente tenemos nuevas metas que conquistar. Están ante nosotros, nos definen y nos desafían a esforzarnos y a alcanzarlas.

El punto es que no importa lo grande que sea el logro o lo lejos que hayas llegado, poco después comenzarás a buscar tu próximo desafío. Este es el sentido de la vida para mí. Mientras estemos en movimiento, estaremos vivos.

Y ahora, luego de una declaración tan drástica, quisiera retractarme un poco y decir que a pesar del deseo de triunfar y lograr cada vez más, nunca olvido la sencillez de mis tiempos en Brasil cuando lograba satisfacer a la perfección todas mis necesidades.

Esto me recuerda que lo único que necesito en la vida es tener salud, ser feliz y disfrutar el viaje. ¡Es exactamente por eso que escribí este libro! Para mí esto es una nueva aventura y la comienzo con mucha alegría y repleto de ilusión. Esta misión me emociona porque no solo cambiará mi vida, sino también la tuya, y de alguna manera nos unirá.

Este es el primero de mis libros que trata de consecuencias, ansias de éxito, triunfos, metas y de la mejor manera de cumplir con los objetivos. Te ayudará a lograr lo más importante, en mi opinión, cuando se trata del éxito: la efectividad. La mayoría de las personas trabajan duro; sin embargo, vuelcan su esfuerzo en el lugar equivocado, y por eso es que no ven los resultados.

En esta obra te llevaré por un emocionante viaje donde revelaré todos los métodos que utilizo para tener éxito en mi carrera y en mi negocio, así como en cumplir mis sueños, para que tú también puedas lograrlo.

¿Cómo es posible que todos tengamos la misma cantidad de horas en un día, la misma cantidad de días en la semana, y aun así una persona logre X mientras otra logra 100X durante exactamente el mismo tiempo?

A lo largo del camino comprendí que la efectividad es el secreto. Si logro ser efectivo, podré crear más contenido y ayudar a que más personas disfruten de mi conocimiento y vivan una vida mejor. Tal vez, dentro de mis posibilidades, logre cambiar el mundo y hacerlo también mejor.

Comencé mi primer negocio en movimiento. No esperé que todo fuera perfecto. Era importante para mí ganarme la vida gracias al conocimiento, el talento y lo que amo hacer en la vida; y no esperar nada seguro para comenzar. Desde el primer momento aprendí cada vez más, y también improvisé constantemente utilizando mis mejores habilidades.

Para eso investigué sobre todo lo que creía que podía ayudarme. Leí artículos y libros, miré películas, consulté con expertos e hice innumerables preguntas. Incluso recuerdo haber ido a centros comerciales en busca de proveedores que pudieran servirme de ayuda. Llamé a sus puertas y le pregunté a cada uno a qué se dedicaban y cómo podría colaborar con ellos para que pudieran crecer.

Por supuesto que cometí muchos errores a lo largo de mi camino y desperdicié muchísimo tiempo en busca de mi "verdadero camino", que durante años fue incierto para mí. Sin embargo, tal vez a diferencia de la mayoría de las personas, documentaba mis errores, me preguntaba en qué había fallado, y busqué una manera más efectiva de llevarlo a cabo en el futuro.

Por ejemplo, a pesar de que dibujé a mano sobre más de medio millón de guijarros, logré reducir de manera impredecible la cantidad de dibujos de calidad inferior que no podían venderse. Por su naturaleza, los guijarros tienen una superficie difícil para dibujar. Poseen bultos, agujeros, texturas y volumen que no hacen fácil dibujar sobre ellos. Y aun así, puedo contar con los dedos de la mano los dibujos que debí corregir, todo gracias al pensamiento creativo. Cada vez que cometía algún error, lo modificaba con unas pocas líneas hasta que se hacía imperceptible. Luego verificaba si como cliente compraría el producto. Y si estaba convencido de comprarlo, sabía que había superado la prueba y el dibujo estaba listo. Y esta prueba funciona: vendí todos los guijarros que dibujé desde entonces. En términos de porcentaje, la cifra es extraordinaria. Cualquier gerente de producción quedaría impresionado si lo comparara con la lubricada maquinaria que funciona en su fábrica.

Así es como descubrí algo asombroso sobre mi habilidad de nunca fracasar. Comprendí que a través del pensamiento creativo siempre podría evitar fracasos y convertirlos en grandes éxitos.

No creas que haya surgido de manera natural. Es una habilidad adquirida, y cuánto más la aplico mejores resultados obtengo.

En un momento estudié animación en la Academia Bezalel en busca de adquirir nuevas habilidades en múltiples áreas en un corto período de tiempo. Como simultáneamente trabajaba y estudiaba, tenía una pequeña diferencia con respecto a los otros estudiantes. Me interesaba aprender cosas que pudieran hacer que el negocio fuera más eficiente y me ayudaran a crecer.

Llegaba por la mañana temprano y volvía a casa cuando cerraba. De esta manera, establecía contacto con muchos estudiantes de diversas materias y "absorbía" información y conocimiento de cada uno de ellos: sobre los software que utilizaban, los diferentes dispositivos y máquinas que poseían, y los resultados que obtenían, entre otras cosas.

También recorrí los diferentes departamentos y aprendí mucho en cada uno. Recibí ideas de diseño para la producción del Departamento de Industrias, un amplio conocimiento sobre producción gráfica del Departamento de Comunicación Visual, montaje en el Departamento de Cine y Televisión, estilos de trabajo de los Departamentos de Arte y Cerámica, y de cada uno de esos lugares reuní más y más información que luego me ayudó a desarrollarme de una forma sin precedentes. También descubrí diferentes estilos y maneras de pensar. Aprendí sobre edición de software, diseño, sonido, efectos innovadores y animación.

Además aprendí distintos términos y palabras específicos para poder comunicarme con los profesionales.

No estaba seguro de cómo relacionar ni cómo utilizar la información obtenida de las diferentes áreas, pero mi intuición me llevaba a seguir investigando.

Mientras más investigaba y aprendía, encontraba nuevas manera de progresar y ser más eficiente.

Más tarde comencé a pensar y estudiar las cosas más metódicamente, y logré adquirir otras habilidades, trabajar de manera más eficiente, procesar la información con mayor rapidez. Con el tiempo construí mi autoridad en el ámbito de la enseñanza del dibujo y obtuve reconocimiento como experto internacional.

¡Todo esto lo logré mientras mi negocio ya funcionaba! Estaba lejos de ser perfecto, pero generaba mucho dinero en ese momento. Me ayudó a construir y mejorar un modelo de mí mismo.

Hoy en día, luego de muchos años de perfeccionar y pulir mis métodos de trabajo en el campo de la efectividad, he logrado documentar la información para poder enseñarla y transmitirla a otros y para que pudieran implementarla en sus propias vidas.

El momento en que mi conocimiento se expandió y ayudó a otros a aprender fue de felicidad. En este libro resumiré todos los factores que pueden convertir tu negocio en una máquina lubricada y efectiva.

Estoy seguro de que utilizar estos recursos será muy valioso para que puedas cambiar tu percepción sobre cómo manejar mejor tu vida.

Te deseo un gran éxito y, además, que consigas la habilidad de identificar los fracasos y errores que puedas encontrar a lo largo del camino, y convertirlos en un éxito sofisticado y estupendo.

Si aprendes todo eso, ¡nadie podrá detenerte en tu viaje!

Estructura del libro. Cómo sacar provecho

Aquí encontrarás muchos métodos y técnicas prácticas que te ayudarán a ser una persona más efectiva en tu negocio y tu carrera, y a sostener una armoniosa y, por ende, saludable vida. Para sacar el mayor provecho debes leer cada método por separado, resaltar las partes más importantes y, al mismo tiempo, anotar comentarios y reflexiones.

Toda habilidad requiere un tiempo de entrenamiento para ser adquirida, hasta que se asimile lo suficiente y se convierta en algo natural y efectivo. Por eso te alentamos a que pongas en práctica las ideas, herramientas y métodos presentados en este libro, aplicándolos a tu vida y a las diferentes situaciones que se presenten. La vida es tu campo de entrenamiento, y cuanto más apliques las ideas que leas mayor será su utilidad, hasta que domines dicha habilidad.

Si al leer el libro te surgen ideas, escríbelas en tu cuaderno y léelas más tarde.

Estructura y organización

Este libro se divide en 12 partes, y se basa en un tema principal que se desarrolla a través de ejemplos, métodos, herramientas y ejercicios. A su vez, cada parte se subdivide y agrupa temas en común dentro de cada sección. Esta estructura facilita la exploración por las diferentes secciones. El libro puede utilizarse como referencia donde buscar con facilidad herramientas específicas, ejercicios o ejemplos que desees encontrar, y posiblemente mejorar o aplicar.

¿Por qué escribimos este libro?

❖ **Eyal Nir**

Hace unos años estuve en Los Ángeles, Estados Unidos, brindando conferencias de BuDo-Way. Como parte de la promoción de mi programa, me entrevistaron en algunos programas de radio, y durante una de esas oportunidades me preguntaron de una manera muy natural: "¿Qué libros has publicado hasta el momento?".

Según los estándares de Estados Unidos, para ser una autoridad reconocida en tu área ya debes haber publicado un libro. Su pregunta era razonable, pero de alguna manera me tomó por sorpresa. Luego de unos segundos respondí: "Estoy trabajando en eso".

Entonces se me ocurrió que realmente era tiempo de escribir un libro, no solo para satisfacer a mi próximo entrevistador, sino también para volcar en él toda la experiencia y los materiales acumulados y escritos durante tantos años, y presentarlo en un marco coherente del cual las personas pudieran beneficiarse, leer y aplicar.

Pasaron algunos años antes de tener la gran oportunidad de conocer a mi colega Amit Offir, un consolidado escritor con la experiencia apropiada y el éxito demostrado en la escritura de libros. De esa manera, mi sueño de escribir un libro finalmente se vio materializado.

Mi experiencia de vida me ha demostrado la importancia de aprender del pasado, vivir plenamente el presente y liderar el cambio para el futuro.

El verdadero crecimiento no es posible si nos aferramos a lo conocido y familiar, y tememos crear una nueva realidad.

Creo que es muy importante alentar a las personas a tomar el control de sus vidas, a adoptar una actitud proactiva que conduzca a un cambio y permita una mejor existencia. Ayudar a que ese feliz cambio suceda en la vida de muchos fue la principal razón que me llevó a escribir este libro.

El cambio es ley de vida. Cualquiera que solo mire el pasado o el presente, se perderá el futuro.

John F. Kennedy

❖ AMIT OFFIR

A lo largo de los años muchas personas me contactaron en mis seminarios o por correo electrónico en busca de ayuda para ser más eficientes en sus negocios y en sus vidas en general. Un problema en común para la mayoría de ellos era que sentían que trabajaban muy duro pero aún así fracasaban en el logro de resultados satisfactorios.

Cuando intenté encontrar la principal causa, descubrí que era un problema de precisión.

Las personas invierten una gran cantidad de energía en el lugar equivocado. Entonces esta energía se **desperdicia** y causa fatiga, frustración y sentimientos negativos. En muchos casos deciden invertir más energía de la necesaria. Además, no son lo suficiente rigurosos en la etapa de planificación y, por lo tanto, no logran los resultados esperados.

Además, las personas asumen demasiadas obligaciones y, por ende, trabajan bajo presión y con frecuencia se sienten frustradas al no poder cumplir con los objetivos establecidos.

Si te pido que al comienzo de tu jornada escribas las tareas y diferentes cosas que crees que puedes hacer a lo largo del día, probablemente harás una de estas dos:

- Una lista demasiado breve, con la cual te sentirás conforme al cumplir con tus tareas y objetivos, pero no te hará salir de tu zona de confort para conseguir grandes logros.
- Una lista demasiado extensa, con la cual te sentirás frustrado porque al final del día no habrás hecho lo suficiente.

Además, al intentar realizar múltiples tareas para cumplir con tu "lista más extensa", probablemente descubras que las tareas no se realizaron de manera correcta. Esto puede provocar que llegues tarde a las reuniones, trabajes más horas e incluso hasta que te des por vencido y renuncies.

El objetivo es hacer una lista más precisa y así poder sacar lo mejor de ti. Esto requiere de mucho entrenamiento, práctica y un gran conocimiento de tus habilidades, ritmo de trabajo, facilidad para realizar varias tareas a la vez y capacidad para evitar distracciones.

Decidí escribir este libro porque creo que puede ayudarte a cambiar tu vida y permitirte vivir mejor.

Asimismo, mi deseo era crear un libro que organizara mis ideas para poder ofrecer un mejor servicio a mis clientes, como también ampliar y extender mis límites como parte de mi constante esfuerzo de superación personal.

Mensaje de los autores

Esperamos que esta lectura te anime y te inspire a comprometerte contigo mismo a vivir una vida plena de propósitos, crecimiento y futuros logros, en lugar de una vida de compromisos y mediocridad.

Si luego de leer el libro te interesa y necesitas una mayor orientación, puedes contactarnos y estaremos felices de poder asistirte de manera personal para así ayudarte a avanzar a tu propio ritmo y de acuerdo con tus necesidades. Los detalles se encuentran al comienzo del libro.

¡No dudes en contactarnos!

Te deseamos una gran aventura: vas camino a tomar el control de tu vida y convertirte en una persona más efectiva, exitosa y feliz.

Éxitos,

Eyal Nir y Amit Offir

Parte I

Conceptos fundamentales

Esta parte presenta el tema principal y los conceptos destacados de esta obra.

Estos son fundamentales para entender y aplicar de manera efectiva todas las herramientas que luego se proporcionan.

- ¿Por qué es tan difícil prosperar?
- El secreto del éxito
- Tomar el control de tu vida
- Identificar y crear oportunidades
- El concepto de adquirir algunos principios fundamentales para aplicar de infinitas maneras
- Definición y explicación de "megaefectividad"

¿Por qué es tan difícil prosperar?

No hay mayor frustración que terminar el día y sentir que "no pude hacer nada". Vivimos en una época donde el trabajo nos impone cantidad de obligaciones. La mayoría de las personas sienten que existen demasiadas tareas y muy poco tiempo para realizarlas, e incluso nos parece que si trabajamos más rápido la pila de tareas es cada vez más grande. Con el tiempo, se han creado diversas herramientas para mejorar los métodos de trabajo. Hoy en día, existen infinitas maneras de realizar ciertas tareas, pero a su vez cada una genera más trabajo, y así surge la necesidad de establecer prioridades y determinar en qué tarea enfocarse al darse cuenta de que el tiempo no es suficiente.

Muchos empresarios no saben cuál es el conjunto de herramientas adecuado para que sus negocios rindan de manera más efectiva. Debido a esta confusión, establecen otro sitio, crean otro blog y utilizan cada vez más herramientas que suponen que les ayudarán a obtener resultados. Si bien cada herramienta por sí sola puede ser efectiva, generar tal carga en el sistema puede hacer que colapse y funcione de manera ineficiente. Esta diversidad de tareas produce un sentimiento de presión y pérdida de control.

La acumulación de tareas aparece en todos lados. Por ejemplo, si comienzas con un sitio web descubrirás en seguida que no solo alcanza con crearlo, sino también debes promocionarlo, y para eso existen distintas formas pero... ¿Cuál es la indicada? Luego de generar un sitio web, será necesario crear contenidos, y habrá que escribir artículos, producir videos publicitarios, diseñar un logo, trabajar con formularios, encuestas, productos para la venta, etcétera.

Cuando te encuentres en la etapa de promoción del sitio web comprenderás que para estar primero en los buscadores es indispensable hacer un análisis de palabras clave, diseñar el sitio web desde el aspecto de marketing, escribir contenidos sobre marketing, invertir en publicidad, promocionarlo de manera orgánica, ofrecer contenido gratuito para generar listas de correo y una comunidad de seguidores, ofrecer interesantes descuentos, actualizar listas de correo, etcétera. Además, descubrirás que es necesario invertir en crear una página empresarial en redes sociales, crear un blog oficial que redireccione a los clientes y usuarios al sitio web oficial, ¡y mucho más!

Es importante también recordar que el mundo avanza y la competencia se intensifica. Por lo tanto, debes ser más profesional, obtener mejores resultados, innovar, proveer el mejor servicio, fijar los precios más bajos, cumplir con los plazos más breves de entrega y superar los más altos estándares. Y así tener la certeza de contar con clientes satisfechos. Si no mantienes el ritmo, siempre habrá alguien que te supere y brinde un mejor servicio, un mejor producto y, en consecuencia, te deje atrás.

Por eso es necesario ser más creativo que el resto, hacer cosas más interesantes y especiales que tus competidores, para así lograr que su cliente te elija a ti. También debes ofrecerles descuentos a tus clientes para que sean leales y no corran hacia la competencia.

Por otro lado, existen algunos asuntos relacionados con tu negocio y tu vida. Debes mantener una vida familiar, encontrar momentos para visitar a tus padres y amigos, ocuparte de las tareas domésticas y las compras, y no olvidemos si tienes hijos... Y todo esto antes de que tengas tiempo para ti, tus *hobbies,* vacaciones con tu pareja, etcétera.

La lista de tareas y obligaciones nunca termina, y es por este exceso que uno simplemente pierde el rumbo ¡y no logra hacer nada! Es más... ¡No se consigue ningún resultado!

La ausencia de resultados y el manejo poco efectivo pueden generar que una persona que esté emprendiendo un negocio se sienta exhausta y sin ánimos. Al trabajar día y noche, muchos sienten que sus negocios se han apoderado de sus vidas.

Con el tiempo, este sentimiento lleva a la mayoría de las personas a cerrar el negocio que comenzaron, a renunciar a sus sueños y a volver a ser empleados, con el resultado de una gran frustración. Queda claro entonces que para posicionarte al frente en un mundo tan competitivo es necesario actuar de manera sabia y efectiva, para así diferenciarte de tus competidores, ser más inteligente y encontrar la manera de destacarte, superar a la competencia y ascender a lo más alto.

¿Cómo puedes lograr esto? ¿Cómo puedes posicionarte al frente en cualquier competencia y evitar a tus competidores? ¿Cómo puedes reducir el rechazo de potenciales clientes? ¿Cómo puedes abrir cualquier puerta que te interese y saber si existe la posibilidad de hacer negocios con ese cliente o entidad? ¿Cómo puedes conseguir que un cliente se acerque a ti y solicite adquirir un producto o servicio, o que se interese en colaborar o pida tu consentimiento para adquirir o utilizar tu marca?

En este libro te mostraremos más de sesenta métodos y técnicas que nosotros utilizamos para ser megaefectivos en nuestra vida personal y laboral, y para posicionarnos como líderes en nuestros respectivas áreas de conocimiento. Estos métodos, por ejemplo, ayudaron a Amit Offir a vender millones de productos, a escribir *bestsellers* y a posicionarse como un experto internacional en empoderamiento en diversas áreas.

El empleo de estos métodos nos ha ayudado a avanzar y a desarrollarnos a nivel tanto personal como laboral, a obtener habilidades importantes y a establecer autoridad y lograr una carrera exitosa durante años.

El secreto del éxito

En los preparativos para escribir este libro hemos pasado largas horas analizando nuestro éxito y nuetros logros personales, así como los de muchos otros, en un intento de descubrir y simplificar una **"fórmula del éxito" efectiva** y aplicable que pudiéramos compartir con nuestros lectores. Dicha fórmula, presentada en este libro, puede ahora ser puesta en práctica por ti, querido lector, para mejorar tus resultados en lo que te propongas al aplicar las herramientas y los métodos, a medida que pongamos a tu disposición esta fórmula y sus principios fundamentales. A medida que desglosábamos las bases del éxito en principios fundamentales que permitieran lograr resultados deseados en nuestra vida personal y laboral pudimos limitar esos **"ingredientes del éxito"** en **dos elementos** que una vez aplicados de manera conjunta deberían permitir que lograras cualquier objetivo que te propusieras:

1. **Tomar el control sobre ti mismo y, en consecuencia, de tu vida: "liderazgo personal".**

2. **La capacidad de identificar y crear oportunidades.**

¡Ese es el secreto!

Estos dos elementos están interrelacionados, ya que deberías poder tomar el control para ser capaz de identificar y crear oportunidades y, una vez que la oportunidad esté disponible (por lo general por un breve tiempo), deberías nuevamente **"tomar el control"** para poder aprovecharla para tu ventaja de manera eficiente. De la misma forma, **"tomar el control"** implica hacer todos los preparativos necesarios (adquirir conocimiento, habilidades y experiencia relevantes) para que, una vez que la oportunidad surja o se cree, estés preparado y seas lo suficientemente eficaz para aprovecharla.

En la base del enfoque que ofrecemos, y como condición principal para el éxito, se encuentra tu voluntad de comenzar un nuevo camino y dejar tu zona de confort en un proceso de exploración, descubrimiento, cambio y crecimiento.

Este libro fue escrito para animarte a comenzar este camino y ofrecerte las herramientas que necesitas para prosperar.

No puedes cruzar el océano hasta que tienes el coraje de perder de vista la costa.

Christopher Columbus

Las dos secciones siguientes profundizan este importante concepto y sus dos principios fundamentales. El resto del libro básicamente proporciona ejemplos, herramientas, ejercicios y medios para que puedas comprender el concepto, adquirir las herramientas esenciales y comenzar a aplicarlas en tu vida en busca del éxito. Una vez que adquieras y asimiles estos principios en tu conducta diaria, podrás crear resultados continuos durante un largo tiempo y, a su vez, comenzarás a trabajar con ellos de manera automática generando un éxito sin fin.

Tomar el control de tu vida

El cambio no vendrá si esperamos a otra persona u otro momento. Somos lo que hemos estado esperando. Somos el cambio que buscamos.

Barack Obama

La vida está repleta de desafíos y, a menudo, se espera que nos desempeñemos al máximo en situaciones estresantes. Por ejemplo, al presentar una idea realmente importante ante las personas que tomarán la decisión final, al ser persuasivos en una situación de venta, al negociar con un cliente o al dar un importante discurso.

Nuestro estado mental y emocional durante esas diferentes situaciones, y en cualquier otro momento de la vida, afecta de manera significativa a nuestro rendimiento y capacidad de lidiar con cualquier acontecimiento ajeno.

Nuestra eficiencia y el éxito resultante al afrontar estas situaciones, a veces estresantes, dependen en gran medida de nuestra capacidad de flexibilidad mental, de creatividad y de adaptarse a cualquier situación de cambio en la vida.

Cuando estamos tranquilos, felices y repletos de energía positiva es más probable que controlemos de una mejor manera cualquier situación que cuando nos sentimos molestos, tristes y nerviosos, o simplemente sin ánimo.

Por lo tanto, ser capaces de controlar nuestro estado emocional de manera proactiva, con voluntad y en cualquier momento es una habilidad que conduce al éxito y cambia la vida.

❖ EYAL NIR

En 1996, asistí al Campeonato Mundial de Karate Tradicional en San Pablo, Brasil.

Formaba parte del equipo de deportistas de nuestra selección nacional junto con cuatro de mis amigos. Uno de ellos era un hombre realmente fuerte que combinó karate con culturismo durante muchos años. Además era una persona difícil que se involucraba en peleas callejeras desde su infancia.

El torneo abarcaba categorías tanto individuales como grupales. Por ejemplo, el combate en equipo (*kumite*) incluye tres competidores de un equipo que compiten uno tras otro en combate libre con tres competidores del otro equipo.

Esperábamos ahora nuestro turno para ser llamados al ring y enfrentarnos a la selección nacional de Canadá.

Finalmente se anunció el nombre de nuestro país y, cuando nos dirigíamos al ring, mi fuerte y difícil amigo de repente me dijo:

–No puedo ver.

–¿A qué te refieres? –reaccioné con total sorpresa.

–Simplemente no puedo ver nada –respondió con la voz entrecortada.

Estaba impactado. Al mismo tiempo que intentaba controlar mi propio estrés y mi presión, ahora debía ayudar a mi amigo que de repente no veía.

No soy médico, pero dudo seriamente de que algo "físico" haya sido la causa de la pérdida de visión que mi amigo experimentaba en el preciso momento en que justo entrábamos al ring a competir.

Es mucho más probable suponer que la presión, la ansiedad y el estrés hayan sido el origen de esa ceguera repentina.

¿Qué podía hacer? Tenía unos pocos segundos para intentar ayudar a mi amigo a recuperar la vista o perderíamos el combate.

Parecía que hablarle no sería de mucha ayuda ya que en realidad no escuchaba por el pánico y además no teníamos demasiado

tiempo. Decidí correr el riesgo y hacer algo que por lo general me ayudaba en situaciones de estrés. Le di un fuerte golpe en su estómago. Se escuchó un ruido. Estaba sorprendido mientras respiraba con dificultad y sufría el dolor. Entonces estaba bien. Insisto en que no soy médico y en que no estoy seguro de poder recomendar esa maniobra como un método adecuado. Sin embargo, dado el asombroso vínculo físico-mental y su mutua influencia en nosotros, creo que mi inesperado golpe en el estómago de mi amigo y el dolor resultante distrajo su atención o conciencia de la situación de estrés, generándole de inmediato un efecto físico que hizo desaparecer la ceguera. Parece que el ciclo físico-mental dio un cambio rotundo. El estrés mental hizo que mi amigo se encontrara "físicamente no vidente", justo para luego recuperarse gracias a un golpe físico y así controlar la ansiedad, permitiéndole recuperar su vista de inmediato.
Si realmente lo quieres saber: no, no logramos nada de lo que pueda sentirme orgulloso en ese campeonato mundial, aparte de la lección aprendida que muchos años después se convertiría en una parte de esta sección. Y sí, mi amigo y su vista están bien desde entonces y hasta el día de hoy.

Dada la importante influencia de nuestro estado emocional en nuestro rendimiento, nuestra vida y nuestro éxito, surgen algunas preguntas:

1. ¿Podemos controlar o influir en nuestro estado mental y nuestras emociones, o somos controlados por ellos?

2. ¿Es casualidad que un día nos despertemos felices, relajados y tranquilos, y al otro día deprimidos, nerviosos o tristes?

3. ¿Cuáles son las reglas y parámetros que gobiernan nuestro estado emocional? ¿Pueden describirse mediante un modelo lógico de causa y efecto?

4. ¿Cómo podemos tomar el control de manera proactiva sobre nuestro estado emocional y, en consecuencia, sobre nuestra vida?

En este libro se presentan herramientas fundamentales para convertirte en una persona más efectiva y exitosa **al aprender cómo tener el control sobre tu estado emocional de manera proactiva, y así poder desempeñarte en cualquier situación.** Deberás adquirir un conjunto de herramientas positivas que son independientes de estímulos externos, comida, alcohol, drogas, etcétera. Adicciones en sí.

Existen distintas formas de lograrlo, y una descrita en este libro consiste en potenciar la asombrosa conexión entre el cuerpo y la mente humana, ya que nuestros estados mental y fisiológico están estrechamente conectados y se influyen mutuamente.

Del estado emocional al fisiológico

La forma en que sentimos y experimentamos nuestro entorno está relacionada con la manera en que utilizamos nuestro cuerpo.

Incluso pequeños cambios en nuestras expresiones, gestos, postura, movimientos y el ritmo respiratorio modificarán de manera significativa la manera en que sentimos, experimentamos nuestra vida, pensamos y actuamos.

Es más fácil "mantener el impulso" de sentirse bien una vez logrado. El desafío es comenzar cuando nos encontramos sin ánimo, y esto puede lograrse de manera instantánea al utilizar nuestro cuerpo y movimientos como modificadores del "estado emocional".

En las artes marciales solemos hacer uso de "aspectos fisiológicos" para influir en nuestro estado mental.

Las herramientas BuDo son fundamentales y aplicables en tu vida en general.

Se explican a continuación para poder utilizarlas y aprovecharlas como herramientas concretas y utilizables para tu bienestar y tu éxito.

A lo largo de este libro profundizaremos en ciertos atributos fisiológicos específicos y proporcionaremos un "mapeo" entre ellos y sus respectivas facultades mentales y emocionales, brindando ejemplos y ejercicios concretos que expliquen cómo utilizarlos para controlar y modificar tu respectiva facultad mental, y ser así más efectivo y exitoso en cualquier situación cotidiana.

La idea es que tomes el control al adquirir la habilidad de emplear esas "herramientas físicas" para influir de manera instantánea en tu lado intelectual cuando sea necesario.

Aquí hay algunos ejemplos de herramientas físicas y mentales abarcadas y explicadas en este libro:

- **Mente en paz:** habilidad de mantener emociones estables en todas las circunstancias, lo que permite un rendimiento efectivo al adoptar una respiración adecuada y una conciencia central.
- **Contemplar el panorama completo (tomar distancia con la mirada):** la habilidad de "dar un paso hacia atrás" para tener una conciencia integral que permita una visión fresca, creativa en situaciones difíciles y, a veces, estresantes.
- **Resolución de conflictos:** la combinación ganadora y la habilidad de actuar con total determinación estando aquí y ahora (representado en el concepto *KiAi* en BuDo), al mismo tiempo que mantienes una flexibilidad mental, sensibilidad y adaptación a nuevas condiciones (representado en el concepto *AiKi* en BuDo). Se trata de la combinación ganadora de *KiAi + AiKi*, la que te alentamos a que estudies, adoptes y apliques en tu vida.

Al combinar "*Go*" (fuerte en japonés) con "*Ju*" (suave o gentil, como en el *JuDo* japonés) los estados mentales y enfoques permiten un mejor manejo de situaciones de la vida en general y de los conflictos en particular.

Estas herramientas BuDo se desarrollan y explican con más detalle a lo largo del libro para que las utilices a medida que vayas adquiriendo nuevas habilidades, y así finalmente puedas tomar el control de tu vida.

Identificar y crear oportunidades

La oportunidad no llama, se presenta cuando derribas la puerta a golpes.

Kyle Chandler

¿Es el éxito una cuestión de suerte?

Muchas personas consideran la "suerte" de forma pasiva, algo que "me cae del cielo", poderes superiores desconocidos que favorecen mi buena fortuna mientras espero pasivo que "las estrellas se alineen" para que la luz ilumine mi camino y mi vida de pronto mejore drásticamente.

Bueno...

Nos gustaría sugerir un enfoque diferente basado en el tema principal de este libro y presentado en la simple fórmula siguiente:

$$\text{suerte} = \text{oportunidad} + \text{preparación}$$

Esta sugiere un enfoque proactivo en el que tomo la iniciativa de colaborar con estos "poderes superiores" que me rodean para ayudarme. Detallaremos lo anterior haciendo una analogía con BuDo en un ejemplo extraído de nuestra propia experiencia de vida, que ilustra el concepto propuesto para que puedas aplicarlo en tu vida.

En las artes marciales siempre buscamos identificar la oportunidad en la que las facultades físico-mentales del oponente estén de alguna manera dispersas, para encontrar un momento de debilidad que podamos aprovechar sin enfrentarnos a su mayor rendimiento. En japonés se conoce como *Qyo*. Nunca contamos con la suerte ni actuamos al azar, sino que empleamos la sensibilidad y la conciencia para identificar las oportunidades ofrecidas por nuestro oponente de manera involuntaria, y así tomar ventaja en el momento de identificar un *Qyo*.

A todos nosotros, seamos o no guerreros, de vez en cuando se nos presenta un centímetro cúbico de suerte ante los ojos. La diferencia entre un hombre mediocre y un guerrero es que el guerrero lo advierte y se mantiene alerta, deliberadamente a la espera, de forma que aprovecha ese centímetro cúbico en cuanto se presenta.

Carlos Castaneda

Entonces en lugar de luchar, resistirse o enfrentarse, BuDo sugiere adoptar la sensibilidad, la conciencia y la habilidad de conectarse con las personas para interpretar sus intenciones, lo que permite una temprana identificación y anticipación de su próximo movimiento, propiciando una respuesta efectiva a tiempo.

Esto se refleja a la perfección en el término japonés *kumite*, que se traduce en la imagen de manos fusionadas o integradas, y sugiere que deberías convertirte en uno con tu oponente para poder anticiparte e identificar temprano las oportunidades que involuntariamente te brinda.

Luchar significa separación o "bailar solo" (cada parte actúa por sí misma), mientras *kumite* refleja la idea clave de cruzar el abismo entre tú y los demás para poder entenderlos, conectarte, anticiparte, convertirse en uno y luego... liderarlos.

A través de la percepción y la experiencia desarrollamos la intuición que nos permite identificar oportunidades desde un principio, lo que facilita una respuesta efectiva y el correcto uso de ellas. Esto se refleja en el dicho: "Una vez que has visto la oportunidad, ya la has perdido".

De manera similar, en tu vida diaria deberías siempre emplear tu sensibilidad y tu conciencia para poder conectar con las personas, entenderlas, interpretar sus intenciones, anticipar sus próximos movimientos, identificar las oportunidades importantes y, en consecuencia, influir en ellas.

Para ser consciente y acentuar tu sensibilidad, y así poder identificar las oportunidades a tu alrededor, deberías primero establecer objetivos claros: ¿Qué buscas? ¿Qué es realmente importante para ti? ¿Cuál es tu sueño? ¿Qué te haría verdaderamente feliz?

Con frecuencia escuchamos el dicho: "La imaginación o el pensamiento crean la realidad", que para muchas personas es confuso, ya que les resulta difícil entender cómo una imagen mental interna puede afectar la realidad objetiva externa.

Una explicación está relacionada con la habilidad previamente trabajada para identificar oportunidades una vez que mentalmente se haya establecido un objetivo.

La compra de un vehículo es un ejemplo utilizado a menudo para ilustrar lo anterior: cuando fijas en tu mente la compra de un determinado modelo de automóvil, de repente las calles están llenas de él y ves exactamente ese mismo vehículo por todos lados.

¿Ha cambiado la realidad? ¿Ha aumentado la cantidad de ese tipo de vehículo durante la noche? Por supuesto que no, es solo que tu percepción se vuelve más sensible una vez que tienes un objetivo claro, para que así tu cerebro examine, identifique y te informe de manera constante y automática sobre esas "oportunidades" que aparecen a tu alrededor.

Retomemos nuestra definición de suerte: una combinación entre identificar oportunidades y haberse preparado suficientemente para poder aprovechar al máximo tales oportunidades. Hemos mencionado que una manera de identificar esas oportunidades es mediante la definición muy clara y vívida de nuestro objetivo, para que nuestro cerebro comience a examinar nuestro entorno de manera constante y automática, sea sensible y nos informe ante cualquier oportunidad.

Para aprovechar de manera efectiva las oportunidades (a veces pequeñas) necesitamos capacitarnos.

Para BuDo esto significa años de entrenamiento para adquirir un adecuado uso del cuerpo humano, habilidad para generar el impacto suficiente, muchas veces en un pequeño espacio físico disponible, desarrollar una determinación mental absoluta (*Ho-Shin*) y emociones estables, y así poder emplear todas nuestras habilidades físicas y mentales para ejecutarlas en el instante oportuno (*Qyo*).

En la vida necesitamos prepararnos para estar listos y mostrar nuestras ideas de una forma clara, convincente y apasionante durante el poco tiempo de que disponemos al presentarse una oportunidad.

El secreto del éxito en la vida de un hombre está en prepararse para aprovechar la oportunidad cuando se presente.
Benjamin Disraeli

El concepto de "conversación de ascensor" es muy relevante en cuanto a identificar y aprovechar oportunidades de manera efectiva durante el breve período en que se encuentran disponibles, como se ilustra a continuación:

❖ EYAL NIR

En 2011 trabajaba muy duro para prepararme para el Campeonato Europeo de Karate Tradicional que organizábamos ese año. Enfrenté muchos desafíos y una importante carencia de presupuesto. Estaba muy preocupado y constantemente buscaba ayuda económica para ser anfitriones de este prestigioso evento internacional. En mis pensamientos soñaba con encontrar una persona con recursos que entendiera la importancia de nuestro evento, se identificara con nuestra causa, y estuviera dispuesto a ayudarnos a resolver nuestras dificultades económicas. En mi mente estaba preparado para encontrar a esa generosa persona y repetía una y otra vez la lista de todos los principales beneficios de albergar un campeonato europeo tanto para mi país como para mi auspiciante imaginario.

Entonces, un día entré al ascensor de un hotel y ahí estaba él... Un hombre muy adinerado que había conocido pero al que no veía hacía muchos años, y ahora tenía 20 segundos antes de llegar al *hall* para recordarle quién era, explicarle nuestra iniciativa del campeonato y lograr que se interesara en apoyarnos, o al menos, que conociera más sobre el tema.

Identifiqué una oportunidad, pero ¿tenía la habilidad y las herramientas para aprovecharla en tan poco tiempo?

Mi mensaje debía ser muy claro, bien dirigido y breve. Afortunadamente, me había preparado. Así que en los 20 segundos que compartimos en ese ascensor conseguí que se interesara lo suficiente como para darme su tarjeta y sugerir que debería programar una reunión con él en su oficina. Salí del ascensor, respiré hondo y bendije mi suerte. Pero... ¿fue realmente suerte? Sí, pero no de manera pasiva. Al haber establecido un objetivo claro y prepararme, pude **identificar y luego aprovechar la oportunidad,** y así "tener suerte" en mi vida. Y sí, el adinerado caballero nos ayudó y el Campeonato Europeo 2011 fue un gran éxito.

Las oportunidades existen constantemente a nuestro alrededor. Somos nosotros quienes debemos practicar "abrir los ojos" y aumentar nuestra capacidad para identificarlas. Sin embargo, para beneficiarnos con ellas, debemos actuar de un modo adecuado para ser más efectivos en el breve tiempo en que suelen darse. Transmitir en forma efectiva una idea de manera clara, convincente y apasionante durante 20 segundos en un ascensor es mucho más difícil y requiere de una mayor preparación que transmitir una idea o mensaje durante una hora. Como expresó Blaise Pascal: "Si hubiera tenido tiempo, habría escrito una carta más breve".

Entonces, para tener suerte debo combinar objetivos claros (que a su vez permiten identificar las oportunidades) con nuestra preparación basada en la formación para aprovechar esas oportunidades de manera efectiva durante el breve tiempo en que se encuentran disponibles.

Tomando nuestra "fórmula de la suerte" hacia el siguiente nivel, más allá de ser consciente e identificar las oportunidades, debes poder crearlas de manera proactiva.

Si retomo mi historia del ascensor, logré identificar la oportunidad y aprovecharla. Sin embargo, de acuerdo con nuestro concepto sobre "tomar el control", si optaba por un enfoque proactivo, podría haber tomado diferentes iniciativas para crear la oportunidad; por ejemplo, enviar correos electrónicos, hacer llamadas o investigar en Internet.

Aprendiendo de la analogía con BuDo sobre las artes marciales, basada en la experiencia de una larga historia: primero aprendemos a identificar una oportunidad (*Qyo*) que nuestro oponente nos brinda involuntariamente. Luego aprendemos de manera proactiva a crear esas oportunidades asumiendo riesgos y, finalmente, tomamos el control y lideramos a nuestro oponente.

Esto es parte del tema central de la técnica de configuración (*Shikake-Waza*) donde empleamos estrategia y evaluamos los riesgos al crear oportunidades. Este concepto básico puede resumirse en: "Sin riesgo, no hay oportunidad. Demasiado riesgo, es considerado un suicidio".

Esto ilustra a la perfección el dicho de sensei Nishiyama: "Para conseguir el cachorro, debes entrar a la jaula del león". Por otra parte, cuando se crea la oportunidad, empleamos nuestra habilidad adquirida durante años de preparación basada en la formación para aprovecharla de manera instantánea y efectiva.

❖ EYAL NIR

Si retomo nuestro campeonato europeo de 2011, puedo darme cuenta de que sí creé de manera proactiva una oportunidad al proponer ser la sede de este gran evento, asumiendo varios riesgos que creí poder manejar, para tener la oportunidad de promover el karate tradicional en mi país, así como la posición de Israel dentro de la federación internacional.

Las habilidades o herramientas clave detalladas a continuación son extraídas de BuDo. Son muy importantes, aplicables y útiles para tu éxito en identificar oportunidades, brindando "suerte" a tu vida y tu negocio:

- **Sensibilidad y conciencia**: consiste en la habilidad de conectarte con las personas para poder descifrar lo que hay detrás de sus posiciones, cruzar el abismo mental para que tus mensajes lleguen, anticiparte al próximo movimiento, influir en ellos y liderarlos.
- **Flexibilidad mental y estabilidad emocional**: te permiten dar lo mejor de ti cuando más lo necesitas, como en situaciones de estrés. Mantener un análisis claro e imparcial de la situación. Llevar registro y adaptarte de manera instantánea a nuevas circunstancias. Ser creativo en la búsqueda de soluciones en situaciones y limitaciones difíciles y, a veces, inesperadas.

- **Actuar con total determinación** (espíritu *Ho-Shin*): una vez identificada la oportunidad, ser efectivo y aprovecharla con total determinación, evitando la vacilación o el miedo al fracaso.
- **Adoptar una perspectiva positiva y proactiva en la vida**: crear de manera efectiva las oportunidades para alcanzar los objetivos establecidos. Desarrollar la habilidad de considerar todo lo que te sucede como una oportunidad o lección que aprender, en lugar de reclamar por tu desgracia y adoptar un papel de víctima o creer que estás destinado al fracaso.

Algunas personas quieren que algo ocurra, otras sueñan con que pasará, otras hacen que suceda.

Michael Jordan

Para concluir esta sección, aquí presento una historia real basada en mi propia experiencia que ilustra cómo podemos fomentar nuestra SUERTE desde una perspectiva positiva y proactiva de la vida y de las personas, identificando oportunidades y aprovechándolas para promover los objetivos establecidos.

Creando oportunidades en Polonia: "una historia con suerte"

❖ EYAL NIR

Me encontraba en Polonia promoviendo una gran iniciativa empresarial para la construcción y la modernización de hospitales, y realizando reuniones con empresarios locales. Una de esas importantes reuniones se llevó a cabo en el *hall* de un prestigioso hotel en Varsovia. Me reuní con Jan y tres de sus colegas para discutir acerca de una concreta oportunidad de negocio: construir y renovar hospitales en un lugar al sur de Varsovia. El objetivo y el contexto de la reunión eran estrictamente comerciales. Sin embargo, decidí arriesgarme y compartir con los demás mis ideas y actividades en BuDo-Way. No existía razón alguna para creer que podría interesarles, ya que nada tenía que ver con nuestra reunión de negocios. Con miedo a desviarnos de nuestro principal objetivo, e incluso a parecer extraño, decidí abrir otra puerta.

Así fue... El universo prestaba atención. En realidad, Jan lo hacía. Mostró real interés y de inmediato me preguntó: "¿Tienes algo de tiempo libre en este momento?". No tenía idea de cuáles eran sus intenciones, pero una vez más abrí la puerta a una posible oportunidad e inmediatamente dije: "por supuesto". Jan hizo una llamada y luego me dijo: "vamos".

Desde el hotel, en automóvil, Jan tardó unos diez minutos en llegar a un agradable café con un diseño único. Recorrimos el lugar y en el jardín me presentaron a Irena, la dueña de un instituto polaco que organizaba eventos, conferencias y seminarios. Jan le había explicado sobre mi programa BuDo-Way y ella tenía interés en conocerme. Irena detalló las actividades de su instituto y analizamos su posible colaboración para dar conferencias acerca de BuDo-Way en Polonia, como también para publicar nuestro libro en polaco a través de su instituto. Parecía que el universo me abría una nueva puerta. ¿Había tenido suerte? A menudo existe una línea muy delgada entre el éxito y el fracaso. Y, en gran medida, se encuentra en tus manos. Podría cómodamente haber enfocado mi reunión de negocios en aquel hotel en el objetivo predefinido sin mencionar mis actividades en BuDo-Way. Sin embargo, adopté una perspectiva comunicativa positiva hacia la vida, hice el esfuerzo y ahora parecía que a cambio el universo me había abierto la puerta hacia una gran oportunidad.

Mirando hacia atrás, me doy cuenta de que básicamente todas mis actividades y colaboraciones en Polonia hoy no serían posibles sin las pocas palabras que dije en ese hotel de Varsovia. Creé una oportunidad y pude aprovecharla gracias a los años de preparación en los que adquirí el conocimiento y las habilidades fundamentales.

Me encantan esas "sorpresas" completamente inesperadas; te levantas por la mañana sin saber qué sucederá, pero empiezas el día con una actitud positiva y receptiva, confiado en que buenas cosas vienen en camino. Asistes a una reunión de negocios para discutir la posible construcción de un hospital en Polonia, y además consigues un acuerdo con un instituto local para brindar conferencias y publicar tu libro (sin mencionar los nuevos amigos que encuentras en el camino). ¿La suerte me ha elegido? ¿O he hecho algo para ayudar a que la suerte me encuentre?

La vida no es una póliza de seguros y el éxito nunca está garantizado. Sin embargo, adoptar una actitud positiva hacia el mundo, ser receptivo, amigable y comunicativo crea oportunidades, aumenta tus "probabilidades del éxito" y ayuda a que la suerte toque tu puerta.

En conclusión, tuve la oportunidad de conocer a Irena gracias a la ayuda de Jan, y ahora estaba en mis manos aprovecharla utilizando los años de preparación y la experiencia acumulada para presentarle a Irena (en el escaso tiempo que teníamos) nuestra posible colaboración de manera clara, convincente, interesante y conveniente.

Creo que logré mi objetivo, ya que dos meses después de nuestro encuentro en el café fui invitado para dar mi primera conferencia sobre BuDo-Way en el Centro Comercial Júpiter en Varsovia, Polonia.

¿Deseas tener "suerte" en tu vida?

Este libro provee una manera efectiva, pero no pasiva, de lograrlo. No sucederá si te encuentras sentado en tu habitación esperando que se presente una oportunidad. Por el contrario, debes primero identificar y crear oportunidades de manera proactiva. Una vez que hayas creado la oportunidad, debes poner lo mejor de ti para aprovecharla, al utilizar todo lo aprendido previamente. Esto puede resumirse en el conocido dicho: "Dios ayuda a quienes se ayudan a sí mismos". Sin dudas, leer este libro y aplicar las herramientas que brinda debería ayudarte a ser más exitoso.

En cuanto a la parte de "preparación", en nuestra "fórmula de la suerte" sirve la famosa cita de Mark Twain: "Por lo general, toma más de tres semanas preparar un buen discurso improvisado". Así es. Para aprovechar de manera efectiva una oportunidad tan pronto se la detecte, en el poco tiempo que exista y de la forma más natural posible, debes primero prepararte de acuerdo con tus objetivos establecidos y con las oportunidades anticipadas.

En resumen, este libro se organiza sobre la base del concepto de ser proactivo y tomar el control de tu vida y de tu éxito, al establecer objetivos claros, significativos (para ti) e importantes, al ser sensible, receptivo y comunicativo para poder identificar la gran cantidad de oportunidades que existen a tu alrededor y estar preparado para aprovecharlas gracias a haber adquirido un conjunto de herramientas, incluidas las presentadas en este libro.

Tu buena suerte está pendiente; espera tu decisión de tomar el control de tu vida, incluida la lectura y la aplicación de todas las herramientas que proveemos en este libro.

Al diablo con las circunstancias; yo creo oportunidades.
Bruce Lee

Algunos principios aplicados de infinitas maneras

La vida es compleja y se desarrolla de innumerables maneras, en diferentes situaciones y a veces en escenarios inesperados. Este libro busca simplificar el panorama. En lugar de intentar abarcar el inmenso número de situaciones que puedan surgir, empleamos el concepto de "algunos principios aplicados de infinitas maneras". A medida que te guiaremos por el camino correcto para tomar el control de tu vida, identificar y aprovechar las oportunidades para el éxito, te proporcionaremos un conjunto breve pero efectivo de principios que una vez adquiridos deberían ser útiles en ilimitadas maneras en todas las situaciones de la vida.

El concepto de "algunos principios aplicados en innumerables fines" es adecuado para la vida en el entorno dinámico y sumamente competitivo de este siglo XXI.

No puedes aprender, familiarizarte y ser un experto en las infinitas variaciones, recursos y métodos en tu área de interés o tipo de negocio. Entonces debes buscar, adquirir y dominar el conjunto de principios más relevantes y utilizarlo de manera eficiente (como bloques de construcción que se utilizan de incalculables maneras y para diferentes y relevantes usos).

Desarrollaremos el concepto anterior explicando algunos de esos "principios del éxito", comenzando con ejemplos de BuDo como analogías y luego relacionándolos con tu vida y tus emprendimientos.

Perspectiva BuDo

Dadas las infinitas situaciones y los posibles escenarios al momento de enfrentarnos al oponente, en lugar de intentar aprender y prepararnos para cada uno de ellos, nos concentraremos en un conjunto relativamente pequeño de principios que una vez adquirido puede ser útil en cualquier situación, incluso en aquellas que nunca hemos experimentado o para la que no nos hemos preparado.

Ilustremos el uso de algunos principios BuDo en situaciones de la vida cotidiana, utilizando como ejemplo un hecho real en el alguien que se enfrenta a una situación nueva y desconocida, y que finalmente se maneja con éxito al emplear algunos principios clave que son siempre relevantes.

❖ EYAL NIR

Hace unos años me encontraba promoviendo, junto con un grupo de buenas personas, la gran idea y visión de establecer un centro internacional de artes marciales por la paz en la frontera entre Israel y Jordania. Como parte de la promoción de esa iniciativa, asistí a una reunión con una docena de instructores árabes de artes marciales que enseñaban en la región donde se proyectaba instalar este centro internacional. Durante el encuentro, presenté nuestra idea con gran entusiasmo, con la esperanza de que los participantes se unieran y apoyaran nuestra iniciativa.

En un momento dado, uno de los instructores me preguntó: "¿Habrá un único centro BuDo?". Mi impulso inmediato y automático fue decir: "Sí, claro, un gran centro para todas las artes marciales tradicionales al servicio de todas las personas de la región y más". Sin embargo, algo en su entonación, en su lenguaje corporal y el contexto de la pregunta me hizo reflexionar un segundo antes de responder. Sentí que me encontraba fuera de mi zona de confort. Nunca había recibido esa pregunta. ¿Que quiso decir? ¿Se refería a "único" en cuanto a nuestra posible intención de luego abrir otros centros? ¿Tal vez apuntaba a otra cosa? Mi mente se esforzaba al intentar analizar la situación, para poder responder de manera acertada y continuar con el objetivo de la reunión. Frente a un escenario desconocido, era el momento perfecto para emplear algunos principios clave derivados de BuDo, como por ejemplo:

1. **"Estabilidad emocional"**: permanecer tranquilo, a pesar de sentirse presionado para poder evaluar la situación, mantener la flexibilidad mental, ser creativo y evitar apresurarse a realizar acciones precipitadas.

2. **Interpretar a las personas**: evaluar sus verdaderas intenciones y preocupaciones ocultas detrás de sus posturas.

3. **Establecer una estrategia**: actuar de manera efectiva, gestionar riesgos para crear oportunidades.

4. **Total determinación** (*Ho-Shin*): una vez decidido el plan de acción, ejecutarlo con total determinación. Dejar de lado toda duda o miedo a equivocarse.

Al emplear los principios anteriores sucedió que la simple e inocente pregunta: "¿Habrá un único centro BuDo?" en realidad reflejaba la preocupación de un instructor, ya que el nuevo centro podría convertirse en competencia y, posiblemente, "robaría" sus estudiantes. La palabra "único" implicaba para él un lugar donde todos irían, por no haber otros lugares alternativos de entrenamiento. En otras palabras, una amenaza directa al instructor al que intentaba convencer de apoyar la iniciativa.

Al darme cuenta de eso, ajusté inmediatamente mi estrategia y, con gran convicción, expliqué que si bien el centro propuesto sería el único centro internacional de atracción y albergaría importantes eventos internacionales, el entrenamiento diario permanecería sin cambios en cuanto al instructor.

Por su reacción a mi respuesta, supe que se sintió aliviado y que ahora sí estaba dispuesto a cooperar.

Ilustremos aún más la relevancia del concepto "algunos principios aplicados a innumerables fines" en las diferentes áreas de la vida y el arte.

- **Leer y escribir:** en la mayoría de los idiomas existe un conjunto relativamente pequeño de letras que puede ser combinado de muchas maneras para formar palabras, en lugar de asignar un símbolo especial para cada palabra en el idioma correspondiente. Estas palabras pueden combinarse de diversas maneras para formar oraciones según sea necesario.
- **Música:** es otro ejemplo donde existe un conjunto relativamente pequeño de notas que combinadas y aplicadas de muchas maneras forman una composición musical.
- **Matemáticas:** por lo general, la simplificación se logra mediante modelos; por ejemplo: una función, como

una onda sinusoidal, puede describirse mediante un número infinito de valores que describen su amplitud en cada unidad de tiempo. De manera alternativa, puede emplearse un modelo que pueda describir con precisión cualquier función sinusoidal con solo dos parámetros: amplitud y frecuencia. Si bien la vida es más compleja que una onda sinusoidal, a menudo es posible, y más importante, manejar una situación muy compleja al aplicar un modelo simple que sea mucho más fácil de comprender, rastrear y administrar.

- **Física:** en lugar de tratar de comprender cada fenómeno físico por separado, esta ciencia tiene como objetivo identificar un conjunto relativamente pequeño de principios que gobiernan nuestro universo. Estos son siempre verdaderos y pueden aplicarse para comprender, analizar o planificar cualquier fenómeno físico.

En resumen: para ser efectivo no es necesario que comprendas una infinita cantidad de información o domines todos los posibles escenarios de la vida, sino que puedas adquirir un conjunto relativamente pequeño de principios; algunos de los más efectivos son presentados en esta obra, así como su uso como herramientas del éxito y su aplicación de infinitas maneras.

Definición de "megaefectividad"

Un buen ejemplo del valor de adquirir algunas herramientas clave y aplicarlas en infinitas situaciones de la vida real es el uso de las **reacciones en efecto dominó**. Ampliaremos este concepto clave a lo largo del libro. Sin embargo, para comprender el concepto de **efecto dominó** primero es importante prestar atención a nuestra definición de "conducta efectiva".

Este libro trata sobre cómo mejorar tus habilidades y ser efectivo en la vida y en los negocios. Para eso debes comprender cómo definimos el término **"efectividad"**. "Es la manera más rápida, breve, eficiente y económica que encontrarás, en la que invertirás el mínimo esfuerzo y obtendrás los máximos resultados esperados para crear el cambio deseado".

Ahora que conoces nuestra definición de la palabra **efectividad**, te resultará más fácil evaluar las actividades que quieres promover. De esta manera, podrás dejar de lado aquellas actividades ineficaces en las que te encuentras involucrado y convertirlas en otras más eficaces.

Habrás notado que utilizamos el término "megaefectividad", el cual lleva a la definición de "efectividad" un paso más adelante. La diferencia entre ambos términos es la habilidad de aprovechar una única inversión para generar múltiples resultados a cambio, entonces lo creado ocurrirá varias veces de manera automática. Cuanto más hábil te vuelvas al identificar y realizar tales actividades, mayor será tu éxito al actuar de manera megaefectiva, a medida que al mismo tiempo generas libertad económica, una carrera y tiempo libre de calidad. Desarrollaremos aún más este concepto a lo largo del libro.

Aprender a generar "reacciones dominó"

Una transformadora historia de vida, por Amit Offir

Mi definición de **"reacciones dominó"** es: "Las acciones que emprendemos o en las que invertimos que producen resultados recurrentes que nos servirán durante un tiempo prolongado y de diferentes maneras en todos los ámbitos de nuestra vida".

Por favor, lee atentamente la siguiente historia, ya que presenta uno de los principios más importantes para un manejo efectivo. Implementar este principio puede cambiar tu vida y ayudarte a ser megaefectivo.

Poco antes de comenzar mi primer negocio trabajé durante un breve período de tiempo como mesero en una cafetería. Disfruté mucho de ese trabajo y rápidamente me hice amigo de los demás meseros. En las primeras semanas comencé a reconocer a varios de los clientes habituales y les agradé mucho. Di mucho de mí y, por supuesto, los clientes así lo sentían y estaban muy agradecidos. Les ofrecí un servicio sobresaliente, trabajé de manera profesional y rápida, esperaban poco tiempo para recibir sus pedidos y a cada uno les brindé un trato personalizado, a tal punto que en poco tiempo sabía los nombres de todos. Por supuesto, mis empleadores apreciaban mi trabajo y estaban muy satisfechos conmigo.

A pesar de disfrutar de mi tarea, al final de cada turno sentía que mi trabajo no tenía mayor importancia. Terminado mi turno, otro mesero me reemplazaba y, a partir de ese momento, yo era completamente olvidado.

De vez en cuando, un cliente preguntaba "¿Dónde está Amit?", y cuando le respondían que había completado mi turno, preguntaba: "¿Y quién lo reemplaza?". Esa era toda la conversación.

En ese tiempo se publicó mi primer libro *The Beetle That Wants to Be*. Esto me llenó de emoción y un día se lo conté a mis compañeros de trabajo. Estaban muy conmovidos y pidieron que les mostrara el libro. Al día siguiente, llevé unos pocos ejemplares y durante el descanso los comentamos.

En pocos minutos compraron todos los que había llevado. Estaba muy feliz, nunca imaginé ese momento. En solo unos minutos logré ganar la misma cantidad de dinero que por un día completo de trabajo, pero los minutos posteriores fueron el punto de inflexión que cambió por completo mi vida.

Una de las meseras que había comprado el libro lo guardó en el bolsillo de su delantal. Iba con el libro alrededor de las mesas mientras atendía a los clientes. Luego de un rato, uno de los clientes sintió curiosidad y le preguntó sobre el libro que llevaba en su delantal. La mesera le enseñó el libro y le dijo que uno de sus compañeros era el autor. El cliente estaba muy impactado y le pidió que me llamara. Cuando me acerqué a la mesa, me preguntó si podía adquirir una ejemplar del libro. Le dije que sí y fui hasta mi motocicleta en busca de uno. Cuando regresé, me sorprendió ver que varios clientes preguntaban por el libro, y otros dos también querían comprarlo. ¡Ese día dupliqué mi salario sin esfuerzo extra!

Al día siguiente, volví a llevar algunos ejemplares de mi obra a la cafetería y lo presenté a mis clientes de manera informal. Si un cliente mostraba interés, le entregaba el libro para que lo viera. En general, las respuestas eran entusiastas y algunos incluso lo compraban con satisfacción. En los siguientes días gané el doble de mi salario como mesero. Algunas veces llegué a venderles a clientes que ya lo habían comprado unos días antes y venían a la cafetería especialmente a comprar más ejemplares para regalar. En cierto momento se volvió algo frecuente. Esto comenzó a molestar a los propietarios y me pidieron amablemente que dejara de vender mi libro durante el horario laboral.

¡Ese fue mi último día como empleado!

Una vez que comprendí que podía generar dos resultados con el mismo esfuerzo, me di cuenta de que había descubierto algo importante. Hoy lo denomino **"reacción dominó"**. Escribir un libro es una de las actividades más laboriosas que una persona puede hacer, ya que requiere un esfuerzo único. Una vez que lo terminas, constantemente verás sus frutos. El libro te presenta al mundo, pone en tu cuenta un ingreso pasivo y activo, y ayuda a crear muchos beneficios que detallaré más adelante.

Desde entonces, no dejo de aprender a mejorar esta habilidad y a crear más canales de distribución para cada libro nuevo que escribo y para cada producto que desarrollo.

A medida que me vuelvo cada vez más profesional logro producir con un costo menor, invierto menos esfuerzo y tiempo y, al mismo tiempo, disfruto de ver que la producción siempre aumenta.

Si deseas ser más efectivo, intenta pensar qué **reacción dominó** puedes generar y de inmediato comienza a actuar de esa manera.

Filmar, grabar y escribir son herramientas excelentes para crear reacciones dominó. Si eres profesor, puedes pensar en grabar tus clases. Si cuentas con conocimientos que puedan ayudar a otros, escríbelos como si fuera un libro o haz una lección sobre el tema. De esta manera, invertirás tiempo y energía una sola vez, y luego podrás vender o reutilizar tu conocimiento documentado muchas veces.

Por ejemplo, si deseas capacitar a empleados y enseñarles sobre el trabajo, ¿por qué dedicar un tiempo valioso a la capacitación de personal que es costosa, exigente y repetitiva? En su lugar, puedes registrar la capacitación una vez y luego ponerla a disposición de los nuevos empleados según sea necesario.

Piensa en las regalías que obtienen los músicos durante muchos años luego de una única inversión en el momento de escribir una canción. Los escritores y autores disfrutan durante un largo plazo de un reconocimiento en sus respectivas áreas de saber y, posiblemente, regalías de por vida por la única inversión de haber escrito un libro. Es importante tener en cuenta que, para beneficiarte durante mucho tiempo con las reacciones dominó de una única inversión, tu producto debe seguir siendo relevante para tu público durante los próximos años. Por ejemplo, si escribes un libro sobre tecnología es probable que deba actualizarse para seguir siendo relevante, por lo que cada tanto deberás reinvertir tiempo, dinero y energía, lo que hará que la reacción dominó resultante sea menos efectiva que un libro sobre un tipo de conocimiento que permanece vigente y útil durante un período más prolongado. Por esta razón, mis libros de dibujo se venden, se regeneran y me proporcionan una fuente de ingreso constante desde hace muchos años. Siempre existirán personas que quieran aprender a dibujar, por eso lo considero una inversión inteligente. Te animo a que reflexiones con atención sobre tus posibilidades e inviertas tu tiempo en productos que puedan ser relevantes a lo largo del tiempo y sean demandados durante muchos años. Un libro de texto sobre un sitio de ventas específico, por ejemplo, podría no ser la mejor opción en comparación con un libro más general referido al uso de Internet como canal de ventas efectivo. Esta parece una mejor alternativa, ya que podemos asumir que Internet permanecerá vigente durante muchos años y siempre existirán personas que tengan productos para vender.

Por lo tanto, recomendaría escribir un libro más general sobre ventas en línea, en lugar de centrarse en los detalles de cualquier sitio o plataforma específicos, que probablemente cambien más temprano que tarde, lo que hará que mi obra sea menos relevante o incluso obsoleta.

Parte II

Rendimiento bajo presión

En esta parte comenzamos a presentar las herramientas del éxito de acuerdo con los principales temas del libro, ya descritos en la primera parte, y basadas en ellos.

Aquí te brindamos herramientas para mantener un buen rendimiento y actuar de la mejor manera bajo presión y en situaciones de estrés cotidianas en nuestra vida y nuestro entorno del siglo XXI.

Incluimos las siguientes secciones:

- Mente en paz
- Toma de decisiones y resolución de conflictos
- Afrontar la sobrecarga y la presión
- Trabajar con plazos establecidos

Mente en paz

La vida está repleta de momentos de estrés, y podemos asegurar que te enfrentarás a esas situaciones al mismo tiempo que te esfuerzas por lograr tus objetivos en busca de grandes resultados. Desafortunadamente, en ciertas situaciones, donde necesitamos dar lo mejor de nosotros y destacarnos, nuestro rendimiento a veces se deteriora por la presión que experimentamos, ya que existe una clara influencia del estado mental sobre nuestro cuerpo y nuestras capacidades en general.

Por lo general la reacción natural de "lucha o huida" es contraproducente, y nos esforzamos en tener un buen rendimiento en situaciones de estrés manteniendo el buen juicio, una visión fresca y creativa, así como flexibilidad mental. Esta habilidad puede describirse como la capacidad de crear nuestro espacio interior tranquilo frente a un entorno "ruidoso".

En consonancia con el tema "Tomar el control" ya presentado, aquí proporcionamos explicaciones, ejemplos y ejercicios para que mejores tu capacidad de crear, de manera proactiva, un espacio interior de paz frente a una situación de estrés, mejorando así tu rendimiento y, en consecuencia, tus resultados. Esta habilidad es muy valiosa en muchas situaciones de la "vida real" donde tu eficiencia depende de lo bien que puedas desempeñarte bajo presión.

Perspectiva BuDo

En las artes marciales a menudo hablamos de "estabilidad emocional", la cual consiste en una habilidad mental que nos permite desempeñarnos al máximo, en lugar de tener un mal rendimiento bajo presión.

Con ayuda de la "estabilidad emocional" nos esforzamos por lograr el equilibrio deseado entre la sobreexcitación y la prisa impulsada por la arrogancia versus la vacilación, el quedarnos "congelados" o carecer de decisión. La capacidad de crear un espacio interior pacífico ante una situación de estrés es de suma importancia en BuDo y muy valiosa en muchas situaciones de la "vida real".

Cómo adquirir esta habilidad

Existen muchas maneras de desarrollarla. En esta sección nos enfocaremos en aprovechar el vínculo físico-mental humano, y explicaremos el uso de la respiración y la conciencia central. Se considera que la respiración es el puente o vínculo entre las facultades mentales y la respuesta física.

Antes de cualquier movimiento intencional debemos construir una imagen mental de una acción física que estemos a punto de ejecutar. Luego se utilizará la respiración para activar los músculos relevantes, para entonces sí ejecutar dicho movimiento.

Se sabe que una respiración completa y pausada tiene un efecto calmante en nuestro estado mental.

Sigue las instrucciones detalladas a continuación para realizar un ejercicio simple pero efectivo mediante el uso de la respiración de conciencia central, la cual es útil para obtener estabilidad emocional frente a situaciones de estrés.

1. Coloca tu mano en la parte baja de tu estómago, a tres dedos debajo de tu ombligo. En realidad, tu

centro físico se encuentra en el interior de tu cuerpo, más cerca de la parte inferior de la columna, pero para nuestro propósito tu mano está tocando ese centro.

2. Comienza a inhalar lentamente a través de las fosas nasales dejando que el aire llene la parte inferior del estómago y sientas que, mientras tu abdomen se llena de aire, empuja tu mano hacia afuera. Continúa inhalando lo más que puedas.

3. A continuación, comienza a exhalar lentamente desde la parte inferior del estómago. Debes sentir que la mano vuelve a su posición original a medida que el estómago se queda sin aire y se contrae. Continúa hasta que salga todo el aire. Luego, repite el ciclo desde la inhalación.

4. Mantén el ciclo de inhalación-exhalación e imagina la entrada y salida de aire del estómago a partir de lo que sientes en la mano, lo que proporciona una retroalimentación que crea una conciencia central a medida que se empuja hacia adentro y hacia afuera de forma coordinada con tu respiración.

Observaciones a tener en cuenta

Desde una perspectiva fisiológica más precisa, el aire no entra a tu estómago sino a tus pulmones. Es lo que esta acción provoca en el diafragma lo que hace que tu estómago "crezca" y "se encoja", pero para nuestro propósito eso es irrelevante, lo que cuenta es tener la imagen correcta.

Tu mano, que se mueve hacia adentro y hacia fuera, tiene un importante y doble propósito: adquirir hábitos de respiración completos (y saludables), y al mismo tiempo descubrir tu centro.

Es clave tomar prestado de la sabiduría de las artes marciales el concepto de "centro" (en japonés *Tanden*), ya que:

1. Percibimos nuestro entorno y a otras personas a través de nuestro centro, el cual funciona como una antena.
2. Proyectamos nuestra energía (*Ki*) hacia otro a través de nuestro centro.
3. Nuestro centro físico funciona como un "centro de toma de decisiones", donde todos los movimientos físicos se inician desde el centro mediante la respiración.

Ejercicio de relajación: respiración consciente

Para lograr una mayor estabilidad emocional frente a situaciones de estrés, intenta imaginar todo tu ser reducido a un punto muy pequeño o una pelota alrededor de tu centro. A continuación, estimula esta pequeña pelota que tienes dentro utilizando la respiración para que los músculos de su alrededor y, en consecuencia, la misma pelota se contraigan al exhalar y se expandan al inhalar.

Tu respiración y el movimiento de tus músculos estimulan esa pelota en tu interior y te permiten ser más sensible. Luego intenta entrecerrar los ojos (no los cierres, ya que deseamos aprender a desempeñarnos bien en una situación de estrés y no a escapar de ella) para recibir menos información visual y "pasar el control" a la pelota en tu centro para que perciba tu entorno. Intenta imaginar que cualquier información recibida a través de tus ojos se transmite a tu centro para evaluarla y decidir alguna acción, como si "pasara por alto tu cerebro crítico". A continuación, para una mayor conciencia, coloca tu mano sobre la parte inferior de tu estómago y comienza a contar hasta 10 al ritmo de tu respiración, pensando ÚNICAMENTE en el aire inhalado y exhalado, y manteniendo aquella pelota en tu centro. Si cualquier otro pensamiento se entromete o interrumpe el anterior, simplemente obsérvalo, pero no te dejes llevar por él mientras regresas a la "respiración consciente", restableciendo tu cuenta desde el principio. Continúa practicando este ejercicio para que se convierta en algo natural y sea realmente útil en las situaciones de estrés de la vida real.

❖ EYAL NIR

En 2010, durante el campeonato mundial celebrado en Brasil, me encontraba a punto de presentar a la asamblea general nuestra propuesta para albergar el Campeonato Europeo de 2011. Era algo realmente importante para nosotros, ya que habíamos invertido mucho tiempo y dinero en los preparativos, habíamos asumido compromisos y creado expectativas en muchas personas y organizaciones. Para mí era absolutamente vital regresar de Brasil con la aprobación de la asamblea para poder avanzar y completar nuestros preparativos para albergar el año siguiente ese gran evento internacional.

Sentado entre los miembros de la asamblea general, esperaba mi turno para subir al escenario y presentar nuestra propuesta. Me sentía presionado y me preocupaba no ser lo bastante persuasivo como para obtener la aprobación. Era el momento de tomar el control de mi estado mental y emocional. Sentado entre todos los delegados, puse mi mano sobre la parte baja de mi estómago y comencé a practicar una respiración profunda y lenta. El cambio fue instantáneo y logré desviar mi atención de los detalles de mi presentación. El miedo a cometer un error o fracasar en mi respiración me permitió crear el espacio de paz mental interior que tanto necesitaba, así que me relajé y pude subir al escenario para presentar nuestra propuesta a mis colegas. La asamblea general votó: ¡**SÍ**! El Campeonato Europeo de 2011 en Jerusalén fue un gran éxito.

Ejercicio "cambiar de conciencia"

Este es un método muy efectivo para lidiar con el estrés y el miedo paralizante, detener esa "bola de nieve de ansiedad" desde su inicio, y así lograr un rendimiento eficiente a través del control mental y la conciencia.

La habilidad básica a adquirir es la capacidad de cambiar de manera voluntaria, según sea necesario, de la conciencia externa/exterior a la interna/interior o viceversa.

Para ser más específico, cuando te expones a un entorno "ruidoso", violento, aterrador y estresante, deberías poder cambiar la conciencia a tu espacio interior tranquilo; mientras que cuando tu interior no se encuentre estable, deberías poder desviar tu atención hacia el exterior utilizando tu entorno familiar como un ancla.

Sigue las instrucciones indicadas a continuación para ejercitar el cambio entre los dos modos de conciencia. Es más fácil practicarlo con los ojos cerrados, pero como deseamos poder implementar esta habilidad en situaciones de la vida real, donde cerrar los ojos podría no ser una opción realista, poco a poco debes adquirir la capacidad de hacerlo también con los ojos abiertos.

Cambio a la conciencia interna

- Coloca tu mano sobre la parte baja de tu estómago y presta atención a tu respiración.
- Sé consciente del recorrido del aire que inhalas por la nariz, su paso por la boca, la tráquea y hasta los pulmones.
- Siente cómo la mano desciende sobre el estómago a medida que inhalas, y sube al exhalar.
- Presta atención a tu espalda, presionada contra la silla, y a tus pies, pegados al piso, mientras exhalas y cómo ellos se relajan cuando inhalas.
- Observa cómo el aire que exhalas se lleva consigo todo el veneno y la energía negativa.
- Presta atención al latido de tu corazón.
- De esta manera, aunque el exterior sea estresante, podemos encontrar un espacio de tranquilidad en nuestro interior.

Cambio a la conciencia externa

- Escucha los sonidos y las voces a tu alrededor.
- Intenta identificar su ubicación en el espacio y su nivel.
- Presta atención a los diversos aromas que te rodean.
- Sé sensible a cualquier movimiento a tu alrededor.
- Prepárate para responder de manera inmediata ante cualquier estímulo externo.
- Observa el mundo externo: se encuentra tan estable como siempre, a pesar de tu confusión interna.

Continúa practicando en la vida real el ejercicio anterior utilizando el "cambio de conciencia de adentro hacia afuera" según sea necesario. A medida que te encuentres con situaciones importantes, podrás desarrollar tu habilidad y ser más eficiente.

En resumen

Las ideas y los ejercicios descritos en esta sección son aplicables en la vida cotidiana y de mucha utilidad. A medida que desarrolles la conciencia hacia tu centro, te volverás más sensible a tu entorno, podrás proyectar tu energía sobre los demás y responder mejor a los eventos externos. Respirar y poner la mano sobre el estómago para obtener una retroalimentación son actos simples que se pueden realizar en cualquier lugar y en cualquier momento sin que puedan parecer raros o poco comunes en tu entorno. Es fácil practicar el cambio de conciencia (de adentro hacia afuera), y una vez dominado es muy efectivo en situaciones de la vida real. A menudo utilizamos esas simples técnicas antes y durante las actividades en las que necesitamos poner lo mejor de nosotros, a pesar de lo estresante que sea la situación, como cuando se hace una presentación, se está en una negociación para lograr un gran resultado en un determinado tiempo o cuando se maneja un conflicto.

Toma de decisiones y resolución de conflictos

La capacidad y la habilidad adquirida de mantener una mente en paz durante una situación de estrés es muy valiosa para tomar decisiones de manera efectiva y lograr un buen manejo de situaciones conflictivas, como se explica en esta sección.

El concepto *Ho-Shin* derivado de BuDo es clave y constituye una herramienta efectiva en el momento de afrontar ciertas situaciones, por lo que comenzaremos nuestro análisis presentándolo y explicándolo.

En BuDo, así como en muchas situaciones de la vida real, la capacidad de poner toda nuestra energía en una tarea determinada y en un momento dado es fundamental, ya que nos permite comprometernos con la situación utilizando todos los recursos posibles para nuestro éxito. Además, y para sorpresa de muchos, es a través de tal determinación que desaparecen la duda y la vacilación, dando lugar a la flexibilidad mental y a una adaptación eficiente en diferentes situaciones. Esto se resume en el maravilloso concepto de *Ho-Shin*, explicado en esta sección.

La vida nos obliga a tomar decisiones de manera constante; desde las cotidianas relativamente pequeñas, como qué camisa ponernos o qué película ver, hasta las más importantes, como cambiar de trabajo, realizar inversiones financieras, elegir una carrera profesional, cambiar de lugar de residencia o casarse. *Ho-Shin* significa **"darlo todo para permanecer pleno"**. Las decisiones importantes, sin duda, requieren ser consideradas cuidadosamente, evaluar la situación, las probabilidades versus los riesgos, consultar a los sabios y experimentados, y evitar apresuramientos innecesarios. Sin embargo, una vez adoptada una decisión, pondremos en ella toda nuestra energía, sin dudas, vacilaciones o miedo al fracaso.

En otras palabras, una vez decidido algo "entrégale tu corazón" porque hacer las cosas a medias te coloca en medio del pasado y el futuro; nunca estarás del todo aquí y ahora. Podrías preguntarte entonces: ¿No pierdo mi flexibilidad y mi capacidad de adaptación si hago las cosas con total determinación?".

Parece que estamos ante dos enfoques muy diferentes:

1. Poner toda tu energía en algo que haces, mental y físicamente, es hacerlo sin vacilación, sin dudas, sin controles innecesarios, al mismo tiempo que te permites cometer errores.
2. Ser flexible es ser capaz de cambiar, adaptarte, amoldarte a nuevas situaciones y circunstancias.

Muchas personas creen que ambas aptitudes son excluyentes y no pueden coexistir.

Sin embargo, utilizar tu mente de manera consciente y analítica pareciera crear una paradoja, y esa es la razón por la que la mayoría de las personas hacen las cosas "a medias", con cautela y sin entusiasmo, posiblemente por mantener sus otras opciones disponibles para el caso de que las condiciones cambien y deba buscarse una nueva dirección, decisión y acción.

Parece que existiera una dualidad o un conflicto interno: "no completo mi objetivo porque mantengo disponibles otras opciones". *Ho-Shin* **significa lo opuesto:** sugiere que al comenzar algo con toda tu energía, enfocándote en tu acción sin tener dudas, vacilaciones o miedo a equivocarte o a fracasar creas un espacio mental que te permite ser más flexible para adaptarte a nuevas situaciones de manera instantánea y espontánea, sin brechas ni vueltas, con total determinación.

❖ Eyal Nir

En 2009 participé del Campeonato Europeo de Karate Tradicional organizado en Casale Monferrato, Italia. Fui elegido y se esperaba que participara como representante oficial de mi país y sirviera como juez durante el torneo. Además, hablaría en la asamblea general, a la que asistirían representantes de alto nivel de todos los países participantes, presentando los planes de nuestra federación para albergar el próximo gran evento internacional. Sin embargo, mientras me preparaba para ese viaje, y ya en Italia, me sentía muy preocupado. Tenía un secreto y lo escondía de los demás porque sabía lo que dirían y creía que consultarles solo empeoraría las cosas para mí. Mi pequeño secreto era que estaba pensando en volver a competir. Sabía que sería el deportista más longevo de la competición, ya que a muchos los duplicaba en edad. La mayoría de mis colegas competían regularmente en ese momento, hacía mucho que se habían convertido en jefes de federaciones, jueces o entrenadores nacionales, y sabía que considerarían extraña o inapropiada mi participación por mi edad y por mi posición de presidente de nuestra federación nacional.

El día anterior a la competición era un viernes, fecha límite para la inscripción de los competidores. Así que tomé una decisión: competiría después de todo.

Quería dar un ejemplo: todos somos personas amantes del karate, hacemos lo mejor que podemos; ganamos o perdemos dejando nuestro ego a un lado, sin escondernos detrás de títulos y de elevadas posiciones. Por eso, si perdía debería ser una buena lección en mi interminable camino de superación. Pero por sobre todas las cosas, quería demostrarme a mí mismo que todavía era capaz, no solo de ganar (sí, aún disfruto al ganar) sino de superar el estrés y la carga mental de competir, incluido el riesgo de ser físicamente lastimado. Así que me dirigí a la oficina de inscripciones y me registré como atleta para la competición del día siguiente. Ahora que había tomado la decisión, ¿lograba sentirme en paz y podía relajarme? En realidad no. Los pensamientos y las dudas seguían corriendo en mi mente al mismo tiempo que debía prepararme para la presentación de esa noche en la Asamblea General y para competir al día siguiente. ¿Qué sucede si pierdo en la primera ronda ante un atleta joven e inexperto? ¿Cómo afectaría a mi reputación? ¿Qué pensarían mis alumnos? ¿Qué sucede si me lesiono? ¿Es necesario que haga eso teniendo en cuenta que mi entorno espera que oficie de juez? ¿Estoy haciendo que mis compañeros se sientan mal o recuerden su reticencia en aprovechar la oportunidad y competir? ¿Por qué necesito esta presión y por qué sigo sintiendo la tentación de competir? ¿Es acaso mi gran ego y la necesidad de ganar para ser reconocido por los demás? ¿Estoy en realidad asustado de competir y simplemente busco excusas para evitarlo? ¿Qué pasaría si...? ¿Y si...? Entonces... ¿estoy realmente decidido? Teórica y externamente, sí. Sin embargo, en mi interior la duda y la vacilación seguían preocupándome. No podía concentrarme del todo en la presentación de esa noche y tampoco en la competición del día siguiente.

Era el momento de aplicar el enfoque *Ho-Shin*. Recuerdo que estaba sentado en mi habitación del hotel ese viernes por la tarde cuando realmente decidí: mañana voy a competir pase lo que pase. De inmediato me sentí en paz. Mi mente dejó de correr y, en lugar de preocuparme por todos los posibles escenarios, logré finalmente enfocarme en mi presentación de esa noche y, una hora después, pude entrenar con mi colega para estar listo para competir el día siguiente. En ese momento realmente ya no me importaba lo que otros pudieran decir o cómo se vería si perdía en la primera ronda. Por fin era **libre** y podía desempeñarme de manera eficiente al enfocarme en las tareas en cuestión. Al día siguiente, tuve suerte y por sorteo pasé automáticamente a la segunda ronda sin siquiera pelear. En la siguiente ronda competí contra un agradable y joven atleta de Lituania y... ¡gané! Ya me encontraba en la tercera ronda. Tuve que luchar contra el campeón mundial de Polonia y... perdí. ¿Me sentía decepcionado? En absoluto. Sentía que había logrado sostener mi propio desafío y de hecho me gané a mí mismo. Así que hasta el día de hoy siento una sensación de triunfo al recordar ese día de 2009. Si no fuera por mi capacidad de aplicar el enfoque *Ho-Shin* ese viernes por la tarde, creo que el impacto negativo de la vacilación, la duda y el miedo al fracaso habrían influido en mi rendimiento, tanto en la presentación ante la asamblea general como en la competición. Una vez eliminada la duda, podría realmente estar ahí y realizar de manera eficiente cada tarea.

Ho-Shin para la adaptación y la flexibilidad mental

Si bien es importante planificar con anticipación, evaluar situaciones y tener una estrategia, también es prudente entender que no todos los eventos se desarrollarán exactamente como planeamos. Por lo tanto, es fundamental adquirir la habilidad de adaptarse (de manera instantánea) a escenarios no planeados, a veces desconocidos, para evitar situaciones de "apego emocional" a nuestros planes originales.

En situaciones de autodefensa, como también en la vida real, evaluamos a los demás y establecemos la estrategia correspondiente, pero a menudo la situación evoluciona de diferentes maneras y debemos tener la flexibilidad mental adecuada para adaptarnos en el momento a nuevas condiciones y, en consecuencia, actuar de manera espontánea. Esto se traduce en "aquí y ahora" y, por lo tanto, requiere estar dentro de la situación en lugar de actuar como un espectador que constantemente cambia sus estrategias. El gran concepto de *Ho-Shin* es clave ahora, ya que (para sorpresa de muchos) se basa en enfocarse en una sola tarea, dejando de lado toda duda, vacilación y miedo al fracaso, para así crear el espacio mental necesario para adaptarnos de manera eficiente a nuevas situaciones.

Uso de *KiAi*

Una forma de emplear todas las facultades humanas en una tarea determinada y en un momento dado es mediante el uso del gran concepto de *KiAi*. Así se elimina toda duda, vacilación o miedo a equivocarse, actuando con total determinación y espíritu *Ho-Shin*. Físicamente hacemos uso de la respiración con una fuerte exhalación desde nuestro centro para que el aire fluya a través de nuestras cuerdas vocales, resultando en un sonido familiar que, por lo general, se asocia con un entrenamiento de artes marciales llamado *KiAi*.

El sonido *KiAi* es una expresión física intencional. Se busca proyectar nuestra energía en una dirección determinada y ejecutar una acción con total determinación, para así ayudar a emplear todas nuestras facultades físico-mentales en un solo propósito. Ejecutar el concepto *KiAi* con una clara imagen de nuestro objetivo y con una respiración completa desde nuestro centro tiene gran influencia en nuestro estado mental, lo que resulta en una gran determinación y una concentración total en la tarea en cuestión.

Te animo a que comiences a desarrollar esta habilidad de provocar un sonido real, dejando que el aire fluya a través de tus cuerdas vocales para crear un fuerte *KiAi*. Soy consciente, de todas formas, que hacer tal sonido puede ser problemático, y a veces poco factible en muchas situaciones de la vida cotidiana. Por lo tanto, a medida que ganes experiencia, deberías poder ejecutar el *KiAi* con la misma total determinación pero en tu interior, sin necesidad de proyectar el sonido hacia el exterior. Utilizo el *KiAi* con frecuencia, siempre que mi energía esté baja, cuando tengo dudas, cuando no logro conectarme del todo con una situación o, en general, para enfocarme en una tarea en particular. Utilizo un fuerte *KiAi* desde mi centro, con la voluntad y la respiración necesarias para cambiar mentalmente al modo *Ho-Shin*, lo que me permite actuar con total determinación mientras me mantengo consciente, sensible y receptivo a mi entorno y a las circunstancias siempre cambiantes. Te animo a que uses la técnica *KiAi* cada vez que ingreses a una sala para una reunión, una conferencia o una interacción comercial; de esta manera tu mente estará establecida y tú listo para manejar la situación con espíritu *Ho-Shin*.

Uso de *AiKi*

Si bien *KiAi* significa total determinación y espíritu fuerte que elimina toda duda o vacilación, las mismas dos palabras japonesas (*Ki, Ai*) en el orden inverso representan el gran y complementario concepto de *AiKi*.

AiKi (al igual que en el conocido arte marcial de *AiKi-Do*) significa flexibilidad mental, adaptación, comprensión y fluir con el otro o con las circunstancias externas, en lugar de resistir o actuar en su contra.

La vida está repleta de desafíos, dificultades y, a veces, fracasos. La forma *AiKi* sugiere adoptar un enfoque proactivo, flexible y creativo para hacer frente a tales desafíos por medio del aprendizaje, fluyendo con las circunstancias y encontrando formas creativas de aprovechar tales dificultades para promover tus objetivos, como se refleja en la frase de Vivian Greene: "La vida no se trata de esperar a que pase la tormenta. Se trata de 'aprender a bailar bajo la lluvia'".

El punto clave aquí, para comprender e implementar, es que *KiAi*, *AiKi* y las actitudes mentales que representan no son exclusivas, ya que pueden, y de hecho deben, coexistir e implementarse conjuntamente en la rutina diaria, tanto en la conducta personal como en la empresarial. Existe en nuestra capacidad humana la posibilidad de ser al mismo tiempo asertivos, tener una opinión fuerte y defenderla mientras somos sensibles a los demás, comprendemos sus puntos de vista y posiciones. Intentamos conectarnos con ellos, los animamos, influimos y lideramos mediante la cooperación. Este enfoque y postura (*KiAi + AiKi*) es particularmente útil cuando se utiliza en situaciones de conflicto, en el momento en que las emociones se exacerban y tu capacidad para emplear la gran combinación de asertividad con sensibilidad y flexibilidad es sumamente valiosa. Una forma de describir e imaginar esta combinación perfecta, y adquirir la habilidad correspondiente, es asociar el espíritu *KiAi* con tu centro (para que haya fuego ROJO en tus entrañas) y el enfoque *AiKi* con tu cerebro, para que tu cabeza sea como un tranquilo lago AZUL. Tanto el ROJO como el AZUL pueden y deben coexistir en tu interior mientras enfrentas todas y cada una de las situaciones de la vida.

❖ EYAL NIR

Hace muchos años trabajaba para una mundialmente reconocida empresa de comunicaciones. Era responsable de las asociaciones mundiales y dedicaba mucho tiempo y esfuerzo a la preparación de un plan de negocios y una propuesta para relacionarme con un gran socio específico en cuanto a una solución avanzada sobre videoconferencias. Al momento de presentar mi propuesta en nuestro encuentro con las autoridades, uno de mis colegas me interrumpió y comenzó a explicarme por qué mi propuesta no tenía sentido y no se ajustaba a los objetivos y a los intereses de nuestra empresa.

Era un miembro de mi equipo relativamente joven, muy ambicioso y competitivo. Al principio estaba tan molesto, dolido y enojado que apenas podía escuchar lo que estaba diciendo. ¿Cómo se atrevía a desafiarme frente a nuestros directivos y a poner en riesgo todo el trabajo que había hecho y, aún peor, mi puesto y autoridad profesional? Estaba tan molesto, enojado y ofendido que apenas podía pensar.

Entonces, tras ejecutar algunos *KiAi* intensos en mi interior pude calmarme para poder evaluar la situación y comenzar a manejarla con sabiduría. Muy pronto comprendí que detrás de las palabras de mi colega se escondía la preocupación real de que el enfoque y los recursos de la gerencia se desplazaran hacia "mi actividad propuesta" a expensas del producto y la actividad asociada de la que él era responsable.

Al darme cuenta de lo que realmente había detrás de su postura, empleé el *AiKi* para buscar una manera de conectar con él, reducir sus preocupaciones y hacerle ver que mi propuesta era realmente buena para él, con la esperanza de eliminar, o al menos reducir, su resistencia.

Mi estrategia consistía en hacerle ver que si mi iniciativa propuesta para ese gran socio tenía éxito, inmediatamente se crearía una necesidad y oportunidades comerciales para el producto del que él era responsable. Así que, en ese sentido, mi éxito sería su éxito, o como lo llamamos una situación en la que "todos ganan". Fui muy asertivo (*KiAi*) y presenté una sólida posición respaldada con argumentos, pero al mismo tiempo fui atento, sensible y traté de atender a las preocupaciones de mi colega (*AiKi*), adaptando mi propuesta para conseguir el apoyo de los demás.

Empieza a ejercitar la combinación perfecta de *KiAi* + *AiKi* en tu vida y en cada situación. Mejorarás tu confianza y asertividad con *KiAi*, mientras empleas el concepto de *AiKi* para ser sensible, interpretar a las personas, conectarte con ellas buscando formas creativas de colaboración sin perder tu camino, tu creencia o tus valores fundamentales.

Afrontar la sobrecarga y la presión

Sabemos que la sobrecarga y la presión perjudican nuestro rendimiento.

Una manera de lidiar con ellas es establecer prioridades de todas las tareas pendientes de acuerdo con su importancia y urgencia. De esta forma, no será necesario lidiar con todo al mismo tiempo. Priorizar tareas genera una sensación de control sobre la situación.

Escribir un libro es un buen ejemplo, ya que parece ser una tarea compleja que puede tomar años. Como en cualquier tarea importante o compleja, puede ayudar el dividir el proyecto más grande en tareas más pequeñas y manejables, lo que simplifica el proceso y da una sensación de progreso y correcto manejo del proyecto.

Por ejemplo, en lugar de pensar que escribir un libro es una misión monumental e imposible, mejor es considerarlo como un proyecto que tiene 150 páginas. Si deseamos escribirlo en un mes, todos los días tendremos que escribir cinco páginas. Si en cambio deseamos terminar el proceso de escritura en tres meses tendremos que escribir 50 páginas al mes, lo que se traduce en escribir una página y media diaria.

Ahora la tarea parece mucho más simple y alcanzable y, lo que es más importante, una vez que comenzamos, podemos identificar cualquier problema del plan en cada etapa del proyecto para que podamos solucionarlo y así cumplir con el cronograma establecido.

Muchas personas definen la efectividad como "la capacidad de realizar una tarea determinada de la mejor manera posible mientras se realizan varias tareas o cuando existe sobrecarga y presión".

Si trabajas de manera adecuada bajo presión, deberías poder anticiparte a tus competidores fácilmente.

Para lograr los mejores resultados y expandir nuestros límites al máximo, debemos establecer PLAZOS y luego cumplirlos.

Trabajar con plazos establecidos

Muchas personas trabajan mejor cuando se les da una fecha límite para terminar su tarea o proyecto.

Si encuentras que establecer fechas límite te ayuda a trabajar mejor, deberías comenzar a implementarlo. De esa manera, podrías aumentar tu nivel de efectividad y mejorar día a día.

Esta herramienta nos aleja de nuestra zona de confort, y mientras reconozcamos nuestras habilidades y sepamos cómo expandir nuestros límites con mayor precisión, más probables serán los resultados y los logros.

Parte III

Obstáculos que te impiden avanzar

Existen muchas situaciones en la vida donde sientes que pierdes el control por causas externas.

Aquí es cuando te dices a ti mismo: "Podría hacerlo mejor si no fuera por...", al sentir que podrías progresar más y acercarte a tus objetivos a un mejor ritmo que el que acostumbras.

Con frecuencia esto resulta en frustración o sensación de estar estancado en lugar de seguir adelante. En tales situaciones, la mayoría de las personas no están seguras de cómo recuperar el control de sus vidas y se encuentran estancadas o incluso retroceden. La pregunta es: ¿existen métodos y formas de sacar provecho de esas situaciones para lograr tus objetivos? ¿No depender tanto de los demás, ser más efectivo, e incluso agilizar tu ritmo de progreso? Al aplicar las herramientas presentadas en esta parte te anticiparás a la competencia, mantendrás una ventaja y utilizarás el tiempo de diferentes maneras efectivas que no conocen la mayoría de las personas.

Además, te proporcionaremos métodos para superar obstáculos y evitar pérdidas de tiempo que hacen que muchas personas cedan el control ante circunstancias externas. Una vez adquiridos y aplicados, estos métodos te permitirán aprovechar cualquier situación para promover tus objetivos.

Esta parte incluye las siguientes secciones:

- Sistemas poco efectivos
- Enfoques negativos en la vida
- Estructura y sistema
- Un sistema demasiado extenso
- Falta de disponibilidad
- Tercerización: uso de personal externo
- Falta de concentración
- Imprecisión
- Pereza
- Problemas técnicos
- Tomar el control y evitar perderse en el camino
- Llamadas telefónicas
- Correo electrónico y redes sociales
- Trato con clientes, proveedores y colegas
- Trato con amigos, familia y parejas
- Música y ruido ambiental
- Televisión
- Entretenimiento
- Tareas diarias
- Distracciones y cambio de perspectiva

Sistemas poco efectivos

Para que un sistema trabaje al máximo debes construir una gestión de trabajo organizada y verificar constantemente que las tareas estén bien distribuidas, para así asegurarte de que las pautas y responsabilidades estén lo suficientemente claras. Esto minimiza la errónea interpretación personal en la división de tareas, pues es donde siempre comienzan los problemas.

Una forma de identificar dónde pueden existir problemas en el sistema es recorrer todo el proceso tú mismo. Escríbelo con tantos detalles como te sea posible y luego guía a los otros a través de las diferentes etapas del proceso, asegurándote de que lo que te parece claro a ti, también lo sea para los demás.

Enfoques negativos en la vida

Un enfoque negativo en la vida puede ser muy perjudicial. La mayoría de las personas negativas intentan reprimir a los demás y corromper el entorno.

Debemos mantenernos alejados de las personas negativas y no estar interesados en perder nuestro preciado tiempo cerca de ellos.

Si eres una persona negativa, trata de encontrar los aspectos positivos de la vida. Consulta con alguien cómo hacerlo. Una actitud negativa no ayudará a tu progreso.

Si te relacionas con una persona negativa, considera si su relación es tan importante para ti. Si te desalienta, te detiene o no te deja ser, es recomendable que encuentres otro entorno que te empodere.

Estructura y sistema

La estructura del negocio o la manera en que vives tu vida es un factor muy importante a la hora de lograr una gestión efectiva. Existen muchas personas que no saben gestionar de forma rentable, y recurren a otros profesionales que suelen cobrar un porcentaje. De esta manera, el propietario se queda sin nada y el negocio fracasa. Lo mismo ocurre con tu conducta y rutina diarias si las abordas de manera poco efectiva.

Deberías intentar evitar las siguientes formas de desperdiciar tu tiempo y energía.

Un sistema demasiado extenso

Una de las razones que podría ralentizar tu ritmo es que haya demasiadas personas involucradas en tu iniciativa o proyecto. Cuántas más personas participen, mayor será la probabilidad de cometer errores y sufrir dificultades. Por lo tanto, siempre buscamos construir un sistema que incluya solo a las personas esenciales y necesarias. Una empresa que incluya menos personas será más efectiva. Además, una de las formas de lograr tus objetivos es mediante la creación de un sistema de ventanilla única que dependa solo de ti. Si puedes realizar todas las funciones por tu cuenta, desde el principio hasta el fin, ¡es probable que logres mejores resultados! Muchas personas pierden un tiempo valioso esperando que otros hagan las cosas por ellos porque no saben qué hacer y temen aprender algo nuevo, o tal vez creen que siempre deben acudir a un profesional que sepa lo que hace. En algunos casos puedes ahorrar mucho tiempo si verificas lo que hay que hacer, si no tienes miedo de hacer preguntas y adoptas una actitud curiosa.

El miedo a equivocarnos es comprensible, pero en muchos casos nos hace menos eficaces, nos muestra pasivos y nos hace sentir indefensos. A menudo los profesionales describen su servicio y competencias utilizando palabras sofisticadas e ideas vagas que para un inexperto en ese ámbito pueden parecer demasiado importantes e intimidantes. De esta forma nos incitan a adquirir sus servicios (en lugar de intentar hacerlo nosotros mismos). Su claro interés es que no entendamos cuál es su labor para así lograr que dependamos de ellos.

Por lo tanto, si deseas ser más efectivo es importante que sepas aprender los conceptos básicos y la jerga de cada área nueva, para así poder evaluar sabiamente cuándo usar los servicios profesionales y cuándo ahorrar tiempo y dinero al hacerlo tú mismo.

Con frecuencia descubrirás que detrás de esas sofisticadas palabras se encuentran tareas simples y operaciones básicas que puedes realizar tú mismo luego de una breve formación. Te sugerimos que antes de decidir entre aprender sobre una nueva especialidad o utilizar los servicios de un profesional, tengas en cuenta si volverás a necesitar ese servicio y con qué frecuencia.

Al abordar un proyecto donde se repite muchas veces una determinada acción, debes pensar en adquirir el conocimiento o la habilidad correspondiente para que tú puedas realizar esa operación.

A veces puedes contratar a un profesional para que te enseñe cómo realizar correctamente esa operación, lo harás una vez y luego utilizarás ese conocimiento muchas veces para hacerla tú. En cambio, si se trata de una tarea que se ejecutará una sola vez, es probable que sea más económico y efectivo acudir a un profesional antes que dedicar muchas horas a adquirir conocimientos que no volverás a utilizar.

❖ **AMIT OFFIR**

> Para lograrlo, es posible que necesites, por ejemplo, aprender a usar algún software, salir de tu zona de confort por un breve tiempo, para que al final puedas realizar las tareas en cuestión sin depender de nadie. Sé que este consejo no es fácil de aplicar en todos los proyectos o negocios. Por lo tanto, antes de comenzar un nuevo proyecto, reviso todas las etapas y veo si

puedo realizarlas por mi cuenta o si necesito la ayuda de otros para completarlo. Es importante recordar el siguiente punto: siempre que el trabajo sea repetitivo, más tiempo durará el proyecto, y entonces invertir en el aprendizaje de software de computadora dará sus frutos.

Antes de seleccionar un proyecto, considéralo detenidamente, estúdialo y toma la decisión final solo después de juntar todos los datos necesarios. Si tienes la opción de elegir entre dos proyectos en similares condiciones, elige el que puedas hacer tú mismo, incluso si eso significa salir de tu zona de confort para aprender cosas nuevas.

Falta de disponibilidad

❖ **AMIT OFFIR**

A lo largo de los años he descubierto que uno de los obstáculos que impide a las personas avanzar es depender de un profesional que en un determinado momento no se encuentre disponible, lo que dificulta que puedas continuar con tu tarea. Por ejemplo, escribir un libro para niños con un ilustrador que en ese momento está de vacaciones, enfermo, ocupado con otro proyecto o simplemente no está disponible hace que pierdas un tiempo muy valioso esperándolo. Este problema puede evitarse de las siguientes maneras:

Un trabajo más preciso de un ilustrador podría ayudarte a convertir los personajes ilustrados en una marca registrada. De esta manera, cualquier ilustrador podría dibujar los mismos personajes sin tener que esperar a que retorne a sus tareas el ilustrador originario.

Si trabajas con otros profesionales, deberías considerar contratar una empresa y no a una sola persona. En caso de que surjan problemas con alguien, la empresa se asegurará de que otra persona complete el trabajo.

En muchos casos puede ayudar hacer un acuerdo comercial detallado, para evitar que un proyecto que debe completarse en una semana se convierta en uno que dure todo un año. Cuanta más experiencia tengas, más fácil te resultará identificar las áreas que podrían retrasar la finalización del proyecto.

Tercerización: uso de personal externo

❖ **A**MIT **O**FFIR

Aunque en algunos casos contratar mano de obra y proveedores externos puede resultar muy eficiente y efectivo, otras veces este factor es el que ralentiza el trabajo y ¡hasta podría convertir un proyecto en un gran fracaso! Para que la ayuda externa funcione, debes saber exactamente en qué consiste y cómo hay que hacerlo.

Estos son algunos factores importantes a tener en cuenta cuando busques mano de obra externa para tu proyecto.

- **Costo laboral**: en muchos casos el empleo de mano de obra externa convierte tu proyecto en uno no rentable.
- **Calidad del trabajo**: muchas veces el trabajo no será tan bueno si dejas que otros lo hagan por ti, y eso podría arruinar todo el proyecto.
- **Tiempo de capacitación**: debes tener en cuenta que podrías necesitar capacitar al empleado para que realice la tarea de acuerdo con tu necesidad. A esta altura, es posible que te encuentres enseñándole el trabajo, terminas por hacerlo tú mismo y también pagándole al empleado sin haber recibido nada a cambio. En las etapas de planificación debes considerar y analizar si es posible evitar esta situación, y si vale la pena.

No siempre la subcontratación es la solución más efectiva, debes analizar cada caso de forma individual.

Es necesario verificar todas las etapas que se realizarán y el grado de conocimientos requeridos para cada tema en cada una de ellas. A veces prefiero aprender algunas funciones de un programa y no el programa en su totalidad. De esa manera no necesito delegar todo el trabajo a un profesional. En esto encuentro varias ventajas como: ahorrar dinero, lograr mayor precisión y velocidad, así como el beneficio de adquirir habilidades adicionales que pueden ser útiles para nuestro crecimiento personal. Destaco la velocidad porque creo que es la mayor ventaja para ti, no depender de otros para hacer el trabajo en poco tiempo y para tu propio beneficio.

Falta de concentración

La mayoría de las personas se sienten perdidas en sus negocios al no saber cuáles son las tareas más importantes y efectivas a la hora de gestionar un proyecto o una empresa.

¿Es necesario crear un sitio web? ¿Es recomendable escribir un blog? ¿Deberías crear una página empresarial en todas las redes sociales? Parece que hubieran demasiadas tareas y poco tiempo para realizarlas.

Si te encuentras confundido con tu negocio y no sabes qué herramientas necesitas, es hora de consultar a alguien que esté familiarizado con tu especialidad y sea más exitoso. Aprende a consultar, ahorrarás tiempo y mucho dinero.

Prestar atención es muy importante y te ayudará a avanzar con mayor velocidad y efectividad.

La falta de concentración es uno de los peores enemigos de la efectividad. Imagínate que vas manejando de una ciudad a otra, pero en el medio del viaje olvidas hacia dónde vas. Entonces te encontrarás manejando sin propósito ni dirección. En esa situación, llegar a tu destino no tiene sentido, y la probabilidad de que llegues allí en un breve período de tiempo es cercana a cero.

También en este caso, una de las formas más efectivas de lidiar con el problema de la falta de concentración es encontrar el "porqué", por qué haces lo que haces. Una vez que descifres por qué conduces a la ciudad de destino (un almuerzo con tus padres), será más fácil que llegues a tiempo sin retrasarte o perder tu efectividad.

Las personas que carecen de concentración van de un proyecto a otro, intentan tomar cualquier trabajo y atender a cualquier cliente que se les acerque solo para progresar, desperdician así mucha energía y cambian rápidamente de área y de materia.

Cuando estás enfocado y concentrado en un solo tema a la vez, tu capacidad para especializarte en él es óptima y tus resultados son mayores y mejores.

Imprecisión

❖ **Amit Offir**

La precisión es una de las cualidades más importantes que debes adquirir. Al no ser precisos, invertimos más energía que la necesaria y en el proceso perdemos atención, tiempo y eficiencia.

Por ejemplo, si participas de una competencia y tu tarea es construir un automóvil en el menor tiempo posible, ¿armarías las cuatro ruedas y no agregarías una quinta, verdad? Trabajar en una quinta rueda dilataría el trabajo y podría generar pérdidas. Por lo tanto, cuando abordes cualquier proyecto intenta planificar con anticipación para minimizar la energía y el esfuerzo necesarios, para así lograr un mejor resultado que coincida con los requisitos establecidos en el proyecto. El ejemplo del automóvil es una muestra de proyecto claro y definido, pero en cada proyecto puedes ser cada vez aún más preciso.

Así es como trabajo en cada proyecto que comienzo: antes de empezar a trabajar analizo cuántas "ruedas" tiene mi "automóvil" y, si solo necesita cuatro, nunca invertiré tiempo y recursos en ponerle una quinta.

Para ser lo más preciso posible en tu proyecto, debes comprender el proceso de venta y qué hace que las personas consuman.

Las personas compran productos que tienen valor para ellas. Cuando el producto no tiene valor, la persona no lo consume. Cuanto mayor valor tenga el producto, más dispuesto a pagar se encontrará el cliente. Por eso, cuando nos proponemos crear un producto es importante que sepamos el valor que ofrece al cliente.

Si creamos un producto de poco valor pero pedimos mucho dinero por él, nadie lo comprará; pero si vendemos un producto valioso a un bajo precio, se venderá con facilidad.

La precisión consiste en que coincidan el valor del producto y su precio.

En lo personal, siempre prefiero ofrecer más valor al cliente que el precio del producto o servicio en cuestión.

Pereza

El profesionalismo es un criterio de vida. La pereza es el comportamiento de una persona que no cumple con sus obligaciones porque prefiere descansar.

Por supuesto, a veces es mucho más divertido dormir, mirar televisión o simplemente relajarte en vez de levantarte y escribir otra sección del libro en el que trabajas. Pero al final, el libro que estás escribiendo dará sus frutos en los próximos años, a diferencia de un programa de televisión que viste y probablemente ya olvidaste de qué trataba.

Si te interesa progresar y crecer, la pereza no puede ser parte de tu vida.

Problemas técnicos

Los problemas técnicos pueden aparecer, desorganizar tu día y hacerte perder un tiempo muy valioso. Por ejemplo, si la conexión a Internet no funciona o no has guardado tu trabajo, no has hecho una copia de seguridad de los archivos y de repente la computadora se apaga, ¡y muchas otras situaciones en las que tu trabajo puede irse por el desagüe en un segundo!

Por lo tanto, te recomendamos que crees un método y trabajes dentro de una estructura organizada. Desarrollar un sistema organizado y bien definido, te ayudará a ser más preciso y efectivo, no te sentirás frustrado y lograrás mejores resultados en menos tiempo.

Tomar el control y evitar perderse en el camino

Muchas personas tienden a entusiasmarse con las cosas nuevas que van encontrando. A menudo nos pasa cuando estamos de compras. El producto parecía maravilloso en la tienda, así que ¡decidiste comprarlo! Pero desde entonces casi no lo has usado.

Dejarnos llevar hace que desperdiciemos nuestro dinero, energía y valioso tiempo.

Muchas personas se dejan llevar muy fácilmente por los nuevos proyectos y por eso compran nuevos equipos y software especiales. Comienzan con mucho entusiasmo y después de un breve tiempo la emoción se desvanece y pasan a lo siguiente.

Intenta iniciar un proyecto y aferrarte a él. Una manera de no aburrirte de las cosas es intentar encontrar algo especial en ellas, siempre desde un punto de vista diferente.

También intenta aprender de tus experiencias previas para conocerte mejor a ti mismo. De esta manera, sabrás cuándo te dejas llevar por algo que terminará tan rápido como comenzó, y cuándo se trata realmente de una oportunidad. Recuerda también que nunca lo sabrás si no lo intentas. Esta habilidad se adquiere, y para eso se requiere de entrenamiento y autoconciencia.

❖ AMIT OFFIR

Soy partidario de aprender tantas cosas diferentes como sea posible. Debido a que soy una persona muy impulsiva y disfruto de ser espontáneo, siempre encontraré una relación y conexión entre temas que nada tienen que ver entre sí, y de cada uno de ellos tomaré los puntos que puedan ayudarme a mejorar en mi área de conocimiento. Por ejemplo, seleccioné el tema de la supervivencia en la naturaleza, de lo cual disfruto mucho, y lo relacioné con la determinación y la perseverancia en los negocios. Convertí el viaje de esquí en Brasil en conferencias. En el curso de yate a vela aprendí a navegar y continué haciéndolo y llegando a destinos remotos.

Llamadas telefónicas

¿Te suena familiar lo siguiente?

A: "En el momento en que oí sonar el teléfono, dejé todo y corrí a atenderlo."
B: "¿Quién era?"
A: "Qué importa, el teléfono sonó."

¿Cuántas veces estabas ocupado y de repente el suena el teléfono y dejas de prestar atención a lo que estabas haciendo y te dejas envolver en una conversación sobre algo completamente diferente? La dificultad con las llamadas entrantes es que normalmente están fuera de nuestro control y pueden tomarnos por sorpresa en cualquier momento y lugar, incluso cuando no nos conviene ni nos entusiasma hablar. Sin embargo, la mayoría de las personas responde al teléfono de manera automática cualquiera sea la situación en que se encuentren. Hay muchas razones para eso, pero no las detallaré en este momento. Las llamadas entrantes son como una trampa para perder el tiempo, en especial si cuando el teléfono suena te encuentras fascinado por su magia y respondes sin siquiera pensar en la importancia, la urgencia y el momento apropiado de la llamada. Para evitar perder tiempo, identifica a qué llamadas telefónicas responderás y haz que en el resto dejen un mensaje. Más tarde, comunícate con ellos en el momento en que lo decidas o cuando te sea posible.

Correo electrónico y redes sociales

Durante nuestra jornada laboral, la mayoría de nosotros revisamos nuestros correos electrónicos con regularidad. Normalmente tenemos más de los que necesitamos. Algunos contamos con un sonido de alerta cada vez que recibimos un nuevo correo electrónico; eso es peligroso porque puede disminuir nuestra efectividad. Esta alerta puede alterar tu concentración, mientras miras una película, cenas en familia o conduces. Luego de escuchar la alerta, nos quedamos pensando en ella y nos genera curiosidad. En un segundo perdimos la concentración.

Entonces, todo lo que nos importa es saber quién nos envió el correo. A veces esos mensajes no tienen importancia y pueden esperar. Las investigaciones demuestran que muchas personas revisan sus correos electrónicos decenas de veces al día, y hay quienes tienen varias direcciones de correo electrónico. Esto hace que perdamos mucho tiempo revisando correos, luego nos obliga a responderlos, nos ralentiza y hace que perdamos el impulso que teníamos antes.

Recuerda que cada vez que dejas de trabajar, incluso por un momento, y vuelves a hacerlo unos minutos más tarde, estás perdiendo tiempo en intentar retomar el pensamiento a partir de donde estabas antes de detenerte. Ese tiempo es el necesario para volver atrás y concentrarte en lo que estabas haciendo, por lo que además de tiempo estás perdiendo recursos y poderes valiosos.

Imagina que te encuentras en un automóvil, y cada vez que quieres salir necesitas cambiar de marcha, reducir la velocidad y detenerte. Piensa en la gasolina que desperdicias en esas operaciones, el tiempo que necesitas para volver a la misma velocidad de antes y en cuánta potencia requiere el automóvil para acelerar y volver a la misma velocidad.

En este caso, nuestra recomendación es establecer determinados momentos del día para consultar los correos electrónicos; por ejemplo, al principio y al final de cada día. En caso de asuntos urgentes, lograrán contactarte. Existe la posibilidad de crear un mensaje automático o un mensaje que diga cuáles son los asuntos urgentes que recibirás por teléfono. Cuando intentes aplicar este método descubrirás que te acostumbras, y que con toda la atención centrada en lo que necesitas puedes lograr más cosas y de manera más efectiva.

Trato con clientes, proveedores y colegas

¿Cuántas veces has necesitado ponerte en contacto con un cliente o proveedor y has esperado hasta que apareciera o debiste acudir a ellos? ¿Qué hizo que el trato fuera menos rentable o valioso? Y si lo hubieras sabido, ¿te habrías rendido?¿Cuántas veces has organizado una reunión irrelevante o innecesaria, o una que sabías de antemano que probablemente no tendría éxito y, además, debió realizarse en el lugar de trabajo de la otra parte y has tenido que conducir hasta allí? ¿Cuántas veces has interrumpido tu día y has perdido tiempo y dinero en estacionar, encontrar el lugar, pedir comida y bebidas a pesar de que no tenías hambre ni sed, pero has elegido ser cortés?

Los clientes pueden consumir gran parte de tu energía y tu tiempo, por lo que debes saber cómo tratarlos de manera inteligente y sistemática. Por un lado, la importancia que el cliente desea recibir se traduce en el servicio y en sentir que es único para ti. Esa es la importancia que quieres darle al cliente. Por otro lado, deseas establecer términos para el servicio de modo que el cliente invierta lo necesario para recibir de tu parte ese servicio personalizado. Si construyes este tipo de relación con tu cliente, verás que puedes ser más efectivo, ahorrar tiempo y recursos, además de otorgarle mayor importancia a tu cliente, lo cual él apreciará.

En este caso, debes decidir cuándo te gustaría estar disponible para tu cliente y determinar qué tipo de comunicación utilizarán, eso te ahorrará tiempo e intervenciones innecesarias.

Además, debes acostumbrarte a tener conversaciones breves, de modo que el cliente aprecie tu tiempo y se asegure también él de ser breve al comunicarse contigo, en lugar de generar interacciones poco productivas, extensas y a menudo fuera de lugar. Por ejemplo, utiliza: "Hola, estoy a punto de entrar a una reunión, ¿qué puedo hacer por usted?", en lugar de preguntar: "¿Cómo van las cosas?". Intenta hacer preguntas más específicas que requieran respuestas precisas: "¿Logró avanzar con...?", "¿Qué hizo para progresar con ...?". Si comienzas de esta manera, verás que tu tiempo de conversación disminuirá y además será de mayor valor para ti y para tu cliente.

Trato con amigos, familia y parejas

No existe mayor tentación que los amigos. El tipo de relaciones que tienes varía según tu edad. Es posible que te sientas frustrado si te ves privado de pasar tiempo con tus amigos porque debes trabajar. La angustia por perderte un plan con amigos depende, por supuesto, de la cercanía que tengas con ellos, su disponibilidad y el tipo de entretenimiento que te pierdes. El problema es aún mayor cuando eso sucede más de una vez y se convierte en un hábito. Simplemente estás trabajando demasiado y estás perdiendo oportunidades de divertirte con las personas que amas. La sensación de frustración aumenta si no disfrutas de lo que haces en tu trabajo y no logras resultados a tiempo, y, por si fuera poco, te pierdes las reuniones con amigos.

Para decidir si faltar o no a la reunión con amigos, deberías revisar tu lista de tareas importantes y urgentes y decidir si ese trabajo es más importante y urgente o si puedes demorarlo un poco y salir a disfrutar con los amigos. También debes tener en cuenta con qué amigos pasar más tiempo. ¿Te empoderan y te hacen sentir feliz? ¿O te debilitan y desalientan? Si tus amigos no hacen que te sientas bien contigo mismo y con lo que haces, tal vez deberías cambiar de entorno y de amigos; elige a quienes te hagan sentir satisfecho y feliz en tu vida. Este tipo de entorno hará que retomes tu trabajo con una energía renovada. Ten en cuenta también tus hábitos en tu tiempo libre, la hora del día y la frecuencia. Si es una reunión una vez a la semana en una cafetería, por la noche, o si son cinco veces a la semana en clubes hasta altas horas de la noche.

A la familia debes tratarla con mayor gentileza y sensibilidad.

La mera cercanía de esas relaciones de familia hace que sean muy complejas e individuales. Debido a esta complejidad, considera el siguiente punto relacionado con la efectividad.

Es importante recordar que, en la mayoría de los casos, los familiares quieren protegernos de fracasos y decepciones, de firmar un acuerdo que no sea justo, etcétera, y muchas veces no saben cómo hacerlo de manera adecuada.

Al darnos consejos influidos por sus emociones y no basados en el conocimiento, pueden causar un sentimiento de frustración, ira, impotencia y desastre.

Intenta encontrar una forma efectiva de consultar con los miembros de tu familia; si alguno de ellos tiene conocimiento y experiencia en la materia, es recomendable consultarlos primero y escuchar sus consejos.

Si eres adulto escucha los consejos de tu familia, y al final, luego de analizar con atención, asume la responsabilidad y toma una decisión sobre tus próximos pasos.

Una pareja puede marcar la diferencia, y elegir una pareja de por vida puede ser una de las decisiones que puede influir en tu negocio y trabajo, por lo que debes considerarlo cuidadosamente y elegir con sabiduría, ya que esta elección puede influir en tu vida y tu éxito a largo plazo.

Las parejas tienen un gran impacto en nuestros pensamientos. En especial cuando se trata de parejas casadas con hijos. Pueden empoderarnos, animarnos o desalentarnos. Pueden impedir que progresemos o ayudarnos a acercarnos aún más a nuestras metas y empoderarnos con su amor y apoyo, tan necesarios para crecer y creer en nosotros mismos. Tu pareja es una parte importante de tu negocio, por lo que debes elegirla con cuidado.

Una mala elección puede guiarnos hacia el camino equivocado y mantenernos alejados de nuestro destino, a veces sin siquiera darnos cuenta.

Música y ruido ambiental

Existen ciertas tareas que no pueden hacerse mientras escuchas músicas, ya que podría disminuir tu capacidad de concentración y perjudicar tu efectividad y la calidad de tu rendimiento. Sin embargo, en algunas tareas la música puede también ayudarte a lograr mejores resultados. Debes analizar si la música te ayuda o te distrae en el momento en que trabajas. Si la música te distrae, intenta encontrar un lugar donde no logres escucharla para así mejorar tus condiciones laborales.

❖ **AMIT OFFIR**

Por ejemplo, cuando escribo la música me molesta, pero me ayuda cuando dibujo. Además, ciertos tipos de música me inspiran, mientras que otros alteran mi concentración. Por lo tanto, cuando quiero escribir, intento encontrar un lugar tranquilo para trabajar y no un lugar como una cafetería, donde no tengo control sobre la música que se reproduce, el volumen y demás condiciones externas.

El ruido ambiental es peor que la música y, en ocasiones, no permite la concentración o el trabajo.

Para trabajar de manera efectiva, debes elegir un lugar de trabajo donde puedas controlar tu entorno y, si es posible, evitar los lugares ruidosos.

Televisión

Muchas personas trabajan con la televisión encendida. Cuando hay algo interesante o una escena dramática, volvemos la cabeza hacia la imagen y perdemos la concentración. Además, cada vez que eso sucede, perdemos mucho tiempo en recuperar la concentración.

La televisión es uno de los mayores factores de "pérdida de tiempo". Sin embargo, puedes utilizarla para aprender y progresar si lo haces de manera inteligente y consciente. La televisión nos ofrece una gran variedad de información sobre distintas materias; si la utilizas de manera correcta, puedes sacar provecho. Para eso se recomienda establecer horarios en los que puede estar encendida, y mantenerla apagada el resto del tiempo.

Entretenimiento

El entretenimiento es una distracción que puede resultar muy tentadora. En general, el entretenimiento es muy importante para mantener el equilibrio en nuestras vidas, pero durante los períodos en los que queremos ser efectivos y lograr objetivos y resultados debemos sacrificar algunas cosas. Si eso significa no ver una película o un programa de televisión porque un cliente está esperando una respuesta sobre algo, o no salir porque al día siguiente tienes una entrevista de trabajo o una presentación importante, debes recordar que al final del día lo que importa es todo lo que lograste. Para conseguir asombrosos logros, a veces debes saber hacer concesiones para completar la tarea a tiempo.

Tareas diarias

Sacar la basura, limpiar, preparar la cena, lavar los platos, ir de compras: todas estas son tareas que debes realizar pero nunca tienes tiempo. Sin embargo, si planeas con anticipación, podrías ser mucho más efectivo y práctico para que incluso puedas disfrutar cuando las realizas. Por ejemplo, mientras lavas los platos o preparas la cena, puedes escuchar una entrevista de tu interés, o incluso grabarte hablando y preparándote para una actuación frente a una audiencia. Mientras haces las compras, puedes comunicarte con los clientes que te llamaron durante el día y así optimizar el tiempo. Siempre que puedas combinar y hacer varias tareas al mismo tiempo de manera correcta puedes ahorrar tiempo sin perder la concentración. Lo más importante es planificar con anticipación y eso requiere pensar.

Distracciones y cambio de perspectiva

Existen muchas distracciones que pueden ocurrir durante una jornada laboral. En su mayoría, estas son pequeñas y momentáneas, pero el daño que causan a tu capacidad para ser efectivo se acumula y con el tiempo se vuelve significativo, retrasando nuestro progreso.

Estas acciones hacen que rápidamente perdamos la concentración, y pueden convertir un día efectivo en uno infructuoso.

Como parte de tomar el control, pregúntate cómo eliminar el impacto de las distracciones en esas situaciones.

A continuación, se muestran algunos ejemplos de soluciones simples que pueden ayudarte a tomar el control en diferentes situaciones:

- Apaga el teléfono si necesitas concentrarte en el trabajo.
- Baja el volumen del televisor si te desconcentra.
- Cierra todas las ventanas en tu computadora y ¡concéntrate en una sola tarea!

Parte IV

Enfrentar tus miedos

La vida comienza donde el miedo termina...

Osho

Esta parte del libro aborda nuestros miedos, preocupaciones y ansiedades que a veces inhiben nuestro crecimiento y nos impiden prosperar. El primero y más crítico paso para superarlos es reconocer nuestras emociones para luego enfrentarlas y, además, aprovechar esos grandes poderes que se encuentran en nuestro interior para acercarnos a nuestros objetivos.

Este parte incluye las siguientes secciones:

- ¿A qué le temes?
- Miedo al éxito
- Miedo al fracaso
- Baja autoestima
- Decepciones
- Manejar los fracasos y sus consecuentes decepciones
- Perfeccionismo y ansiedad: su solución

¿A qué le temes?

A lo único que hay que temer es al miedo mismo.
Franklin Delano Roosevelt

Los fracasos y sus consecuentes decepciones son difíciles de manejar para la mayoría de las personas.

Esta parte del libro sugiere tratar estas situaciones y emociones difíciles a través de la conciencia, de la aceptación de nuestra naturaleza humana y de la transformación de esas emociones negativas para la construcción de un accionar positivo.

De acuerdo con el tema principal de este libro, de "tomar el control de tu vida de manera proactiva", sugerimos que al reconocer mis emociones puedo comenzar a trabajar con ellas de manera proactiva, en lugar de dejarme llevar pasivamente por ellas.

En primer lugar, date una licencia para sentir: está bien que te sientas decepcionado, triste, frustrado, asustado, solo, ansioso y celoso. Permítete ser humano.

A muchos de nosotros se nos enseñó desde un principio a esconder nuestras emociones:

- Los niños no lloran.
- Al demostrar demasiada alegría por tus logros estás presumiendo.
- No debes desear lo que otro tiene de más. No debes ser codicioso.

- Sentir atracción física por otra persona es algo inapropiado de lo que deberías avergonzarte.

Si bien "domesticar a la bestia" es una necesidad para la existencia de una sociedad humana civilizada y, a veces, requiere que ocultemos algunas emociones del "ojo público", nunca debes negar su existencia en tu interior: el precio de reprimir nuestras emociones es demasiado alto para el bienestar mental. Emociones como la ira, la decepción, la envidia y la ansiedad se intensifican cuando intentamos reprimirlas o bloquearlas. Presta atención, pero no te identifiques ni permitas que tus "emociones negativas" tomen el control sobre ti. Un primer paso para salir del sufrimiento innecesario que yo mismo me provoco (para muchos es un descubrimiento asombroso) es darme cuenta o tomar conciencia de que no soy una suma de mis pensamientos y emociones, y que existe un "yo" más profundo desde el que realmente puedo contemplarlos. Esto es, en muchos sentidos, de lo que trata la meditación: contemplar desde una perspectiva más profunda todos mis pensamientos y emociones sin sentirme identificado ni dejar que tomen el control sobre mí. A medida que mi habilidad de meditación mejora, me vuelvo más eficiente al contemplar mis emociones emergentes y reconocer su existencia sin identificarme con ellas. Entonces, se debilitan, se deterioran y desaparecen a medida que soy capaz de mantenerme en eje conmigo mismo.

Aceptación verdadera. Igual que en una cañería bloqueada, donde la presión del agua aumenta de manera peligrosa, en nuestra tubería de emociones la presión disminuirá y el flujo saludable volverá si quitamos lo que la bloquea y permitimos que nuestras emociones fluyan libremente. En la misma tubería fluyen tanto las emociones positivas como las negativas, por eso cuando bloqueamos una, de manera inevitable la otra se verá influenciada. Cuando me niego a reconocer mi decepción tras un fracaso, también limito mi capacidad de alegrarme por mi éxito. Cuando niego mi ira hacia un amigo, limito también mi capacidad de amarlo. Cuando niego el miedo que siento, reprimo mi coraje. Abraham Maslow decía: "Cuando te proteges de tu infierno interior, te desconectas de su paraíso interior". "Cuanto más contemples la ira, más rápido desaparecerá. Cuando la miras a los ojos, de repente pierde su poder."

Aceptación versus corrección: aceptar las emociones de uno significa concebirlas con una actitud positiva, darles la bienvenida como parte de nuestra naturaleza humana y sin ofrecer resistencia. En este punto no estoy tratando de corregirme, transformarme o luchar contra mí mismo. Simplemente evalúo las cosas como lo que son, sin juzgar ni ofrecer resistencia; esa es la verdadera conciencia. Aceptar no es rendirse; reconocer y aceptar nuestras emociones de ninguna manera implica que dejemos que nuestras "emociones crudas" condicionen nuestra respuesta ante situaciones y acciones en general. Por el contrario, a través de la observación honesta, evitando el autoengaño y la aceptación, podemos crear el espacio mental necesario para una interpretación proactiva y efectiva entre la emoción inicial y nuestra respuesta.

Aceptación proactiva versus entrega pasiva: la aceptación es un paso obligatorio en el camino hacia cualquier cambio. Una vez que realmente me acepto, estoy preparado para el cambio. Aceptar nuestras emociones no significa que estemos conformes con ellas o con el comportamiento resultante, sino que nos damos permiso y espacio para sentir y, a continuación, elegir nuestra respuesta y acción.

Aceptación proactiva: no podemos evitar emociones tales como la decepción, la frustración, el miedo, la envidia, la ansiedad y la ira. La pregunta no es si sentimos esas emociones, sino qué decidimos hacer con ellas. Luchar y resistirse a la emoción o aceptarla; reprimir nuestra naturaleza humana o reconocerla. La aceptación nos permite elegir una interpretación útil de la situación para luego recorrer nuestras emociones y elegir una acción constructiva que nos ayude.

Transformación: en lugar de luchar, negar o tratar de eliminar tus "emociones negativas" propias del ser humano, debes aprender a seleccionarlas y utilizarlas con fines positivos que cumplan con tus objetivos. No existen pasiones o "emociones malas", solo aquellas que aún no están dirigidas y utilizadas para servir y promover objetivos dignos. Por lo tanto, no debes apagar o reprimir tus pasiones y "emociones imperfectas", sino dirigirlas y aprovecharlas para una causa digna que te sea útil.

Miedo al éxito

❖ **AMIT OFFIR**

Una de las cosas que me sorprendieron mientras ayudaba a las personas a alcanzar el éxito a lo largo de los años es que le tienen menos miedo a los fracasos que a alcanzar el éxito. Al principio pensaba que estaba leyendo mal los datos, pero después de mucho analizarlo, de repente me pareció muy lógico, y además me di cuenta de que hay muchas razones.

Existen personas que de manera consciente se detienen porque temen que, incluso si lograran su objetivo, seguirían siendo infelices o insatisfechas. Existen otras que no creen merecer ser felices o exitosas. También hay quienes piensan que pueden cambiar gracias al éxito y que por eso otras personas les tendrán envidia. También están quienes simplemente creen que nunca alcanzarán el nivel de los muchos y mejores que existen en su área. Algunos temen perder su privacidad. Otros se preocupan por la sobrecarga, la pérdida de libertad o el desequilibrio. Algunos temen que con el éxito surjan preocupaciones que puedan dañar su salud. Existen quienes temen perder a sus amigos, su familia o todo su mundo tal como lo conocen, lo que significa que temen a lo desconocido.

Los padres a veces temen que el precio del éxito recaiga en la crianza de sus hijos y puedan decepcionar a su pareja. Además, les asusta perder su libertad de expresión, ya que se espera que sean un modelo a seguir para sus hijos.
Considero que el éxito es un factor positivo que debería mejorar mi vida, por eso no lo percibo como una amenaza. Si le

temes al éxito y eso es lo que te impide crecer, te recomiendo que re definas el significado de "éxito" e intentes determinar por qué no es un objetivo que desees. La pérdida de control no sucede tan rápido. Si en todo momento escuchas a tu yo interior, no existe razón para que pierdas el control. Además debes distinguir entre el miedo a algo real y peligroso, y el miedo a lo irreal.

¿Por qué debes temerle a algo abstracto e incierto? Tu éxito es el fruto de tu trabajo, así que créalo de la manera que más te guste.

Miedo al fracaso

❖ **A**MIT **O**FFIR

El miedo al fracaso es uno de los mayores enemigos de la humanidad. Las personas más talentosas han traicionado su talento por miedo al fracaso y, en consecuencia, han impedido que innumerables personas a lo largo de la historia disfrutaran de su resultado.

Creo que el fracaso es una fase del aprendizaje y, por lo tanto, mientras continúes aprendiendo e intentando, disminuirá de manera constante tu probabilidad de fracasar. Además, aprende a usar el conocimiento y las conclusiones que extraigas de tus fracasos para mejorar en tus próximos intentos. Si combinas tu esfuerzo con un pensamiento creativo, descubrirás que puedes superar cualquier obstáculo y convertirlo en éxito.

A lo largo de mi carrera, muchas veces descubrí formas de convertir una desventaja en ventaja. No es fácil, pero cuando piensas de forma creativa en cómo aprovechar una situación a tu favor y adaptarte a una nueva realidad, sentirás una gran satisfacción al lograrlo. Hablamos de pensar hábilmente y de manera diferente, por lo tanto, cuanto más practiques, más podrás lograr resultados deseables que fortalecerán tu confianza. De esa forma podrás actuar libremente y sabrás que siempre es posible encontrar la forma de corregir y mejorar cualquier distracción.

Dicen que una de las principales causas del miedo al fracaso es el miedo a no ser valorado o no ser lo suficientemente bueno.

Algunas personas prefieren evitar intentarlo, en vez de asumir el riesgo y fracasar. En mi opinión, quienes no están dispuestos a intentarlo, se fallan a sí mismos.

Intenta tomar el control de tu vida al superar de manera proactiva tu miedo al fracaso. ¡Dale una verdadera oportunidad al éxito!

Baja autoestima

La autoestima afecta a la manera en que pensamos, lo que decimos o hacemos. Para las personas con baja autoestima esta podría ser una de las "enfermedades" más destructivas, ya que les impide emprender el camino hacia el éxito y construir una carrera.

Nuestro trabajo consiste en ayudar a muchos expertos a construir una carrera internacional y conocer a personas más talentosas y con grandes conocimientos. Aún así, incluso esas personas se desaniman al principio cuando les ofrecemos la posibilidad de competir por el primer lugar en cualquier competencia mundial. A ellos la idea de convertirse en expertos mundiales en su área les parece imposible. Hace apenas un minuto se presentaban como expertos en su área y, de repente, esas personas desaparecieron y fueron reemplazadas por otras sin autoestima convencidas de que hay muchos otros expertos en la misma área en todo el mundo. Entonces, ¿por qué alguien querría escuchar lo que tienen para decir? ¿Por qué alguien compraría sus productos entre los demás disponibles? ¿No son reconocidos, nadie ha escuchado hablar de ellos, o tal vez no poseen nada innovador? Cuando se descubre este síntoma, desaparece el león que estaba frente a mí y lo reemplaza un ratón aterrado que encuentra todas las excusas y razones por las que no pudo suceder y el porqué de que es mejor darse por vencido.

Para minimizar la distancia entre tu autoestima y la manera en que las personas te ven, aquí hay dos formas de tratar el problema.

Si estás seguro de que eres el mejor en tu área pero las personas que te rodean parecen tener una opinión diferente, debes encontrar la manera de demostrarles que mereces su reconocimiento. Si progresas, te verán como un campeón y un líder. Una manera es demostrar logros indiscutibles. Otra es tener una prueba social, como una entrevista en televisión, un artículo en una revista o una exposición significativa en las redes sociales. La última es trasladarte a otro entorno donde seas desconocido.

Si tú no crees en ti mismo, pero los demás te consideran un genio, talentoso y profesional, debes encontrar la manera de demostrarte que sí lo eres. Una vez que creas que eres un campeón y un líder, comenzarás a comportarte como tal. Un logro y una prueba social pueden cambiar tu autoestima. Una vez que compartas tu conocimiento con el resto del mundo, que las personas acudan a ti en busca de tu ayuda y que te recomienden por tus buenos consejos, es posible que realmente aceptes la idea de que los demás te consideren especial y, en consecuencia, comiences a apreciarte más.

Una de las formas más efectivas para reforzar tu autoestima es comenzar a ayudar a niños o a personas que requieran información básica para avanzar. Una ayuda personalizada o dirigida a pequeños grupos es más fácil que pararse frente a un gran número de personas. Por ejemplo, si tienes conocimientos sobre matemáticas y crees que te resultará difícil publicar un libro en un nivel superior, comienza por enseñar matemáticas a niños. Es más sencillo enseñar las tablas de multiplicar que diferentes fórmulas. Este logro podría ayudarte a comprender que tu conocimiento es necesario. Muchas personas suelen necesitar conocimientos y de su organización para usarlos fácilmente, y si les ayudas y creas una solución sencilla para ellos te lo agradecerán y te valorarán mucho.

Una de las características derivadas de la baja autoestima es la timidez. Si eres tímido por naturaleza, debes encontrar la manera de superarlo, porque por lo general te perjudicará. La timidez provoca un comportamiento pasivo, por lo que te resultará más difícil construir la realidad que desees.

Las personas tímidas no suelen tomar medidas y dejan que la vida los controle en lugar de tomar el control de sus vidas.

Toma el ejemplo de una relación: a un hombre tímido le resultará difícil conocer a la mujer de sus sueños, a menos que sea ella quien inicie el contacto. Sin embargo, para un hombre seguro, será mucho más fácil acercarse a la mujer que le interese.

Si quieres tomar el control de tu vida y lograr los resultados deseados, debes dejar la timidez a un lado y simplemente intentarlo. En el peor de los casos no lograrás lo esperado.

Decepciones

Si alguien lo intentó y fracasó en el pasado, lo más probable es que se sienta frustrado y sienta ansiedad o tenga preocupaciones relacionadas con el área o la materia en cuestión. Tiene sentido ser más cauteloso al intentar nuevamente tener éxito en lo que antes había fallado y tratar de evitar cometer los mismos errores.

Cuando una puerta se cierra, otra se abre; pero a menudo observamos durante tanto tiempo y con tanta tristeza la puerta que se cerró que no notamos la otra que se ha abierto para nosotros.

Alexander Graham Bell

A pesar de que está en nuestra naturaleza protegernos de una nueva decepción, por lo general deberías intentarlo otra vez, ya que enfrentarás cada experiencia o desafío de manera diferente, dadas las distintas circunstancias y condiciones. El hecho de que no hayas tenido éxito una vez no significa que fracasarás en el segundo o décimo intento. A veces una decepción nos impide crecer y desarrollarnos porque aumenta nuestro primer instinto de protegernos, más que nuestro deseo de progresar y crecer.

❖ AMIT OFFIR

Durante varias pruebas para encender el fuego por medio del método primitivo, como la fricción de la madera para crear calor, tuve que pasar por docenas de intentos antes de tener éxito. Mis acciones siempre fueron básicamente las mismas, pero el conocimiento que adquirí al armar el conjunto de maderas, la velocidad de la fricción, la forma en que sostenía los palos y el tipo de madera que usé me permitieron conseguirlo después de muchos fracasos. Luego de tener éxito por primera vez, esa tarea se volvió mucho más fácil, y aunque no siempre lo logré, pude ver la gran mejora y apreciar el poder de la perseverancia y del proceso de aprendizaje.

Afrontar los fracasos y sus decepciones

El fracaso es instructivo. La persona que realmente piensa aprende bastante tanto de sus fracasos como de sus éxitos.
John Dewey

¡Todos fracasamos algunas veces! La decepción suele ser el resultado de una expectativa no realizada o incumplida. Entonces, cuando no logramos un objetivo esperado, previsto o deseado a menudo nos sentimos decepcionados. La gran pregunta que analizamos en esta sección es cómo manejar mejor estas emociones. ¿Deberíamos reducir o eliminar nuestras expectativas de vida o del mundo que nos rodea y evitar aspirar o esforzarnos por lograr nuestros sueños como escudo y mecanismo de protección contra futuras decepciones? Algunos afirman: no esperes mucho y no te sentirás decepcionado. O: no te involucres emocionalmente con tus ideas, planes, esperanzas o sueños y no saldrás lastimado. Entonces, ¿no debería establecer objetivos ambiciosos e importantes, esforzarme, soñar y abrir mi propio negocio y convertirlo en un gran éxito, aumentar significativamente mis ingresos y hacerme rico, ser promovido hasta lo más alto de la jerarquía de mi organización, continuar con mi pasatiempo favorito y sobresalir en él, escribir el libro que siempre quise y vender millones de ejemplares... solo porque podría no lograrlo y me decepcionaría?

Nuestra respuesta es: ¡NO! Ese no es el camino. Es importante creer y esforzarse por establecer objetivos ambiciosos, significativos y valiosos para ti, a pesar de la posibilidad de que no los logres y de la decepción resultante. Al igual que permitirte cometer errores, también debes aceptar la posibilidad de fracasar en tu camino de crecimiento. En lo que resta de la sección, utilizaremos historias de fracasos personales y aprovecharemos nuestra propia experiencia; vamos a aconsejarte sobre cómo manejar esas situaciones y emociones para que te esfuerces y logres tus objetivos establecidos, al mismo tiempo que reduces el sufrimiento innecesario que, a menudo, tú mismo generas.

El éxito es la capacidad de ir de fracaso en fracaso sin perder el entusiasmo.

Winston Churchill

❖ EYAL NIR

Historia de un fracaso 1: cuando no conseguí mi cinturón marrón

En 1982 fui a Los Ángeles por primera vez, sin saber que luego existirían muchas otras visitas en los siguientes 26 años. No, no crucé el océano para conocer Hollywood o visitar Disney Land. Mi propósito era aprender karate con un legendario maestro, el gran maestro sensei Nishiyama. De hecho, llegué a Los Ángeles siguiendo los pasos de mi amigo y maestro, sensei Avi Rokah, quien había llegado un año antes (1981) con el mismo propósito: estudiar Karate-Do con sensei Nishiyama. Avi comenzó a practicar karate antes que yo y era superior a mí en conocimiento y grado. Habíamos estado practicando durante varios años en Israel con mucha motivación, deseo y pasión, pero en ese entonces con poco conocimiento. En ausencia de un marco organizado y un lugar de entrenamiento, a menudo practicábamos sobre césped en un parque público cerca de la casa de Avi. Como ya mencioné, con mucho entusiasmo y un sentimiento genuino, descubrimos algo especial casi místico que enriqueció de manera significativa nuestra vida a esa temprana edad. Luego, en 1981, un día después de completar su servicio militar, Avi voló a Los Ángeles para cumplir un sueño. Había oído que el más grande maestro de karate se encontraba allí, entonces fue con la intención de dedicar su vida al camino del Karate-Do bajo el gran maestro sensei Nishiyama. Avi no conocía a nadie en Los Ángeles, y tampoco tenía dinero, trabajo, un lugar donde dormir y ni sabía el idioma. Sin embargo, lo impulsaba la pasión, las ganas y el ferviente deseo de aprender del mejor. Avi se dedicó por completo al entrenamiento. Viajaba diariamente durante muchas horas en autobús por los largos bulevares de Los Ángeles para ir y volver al *dojo* (lugar de entrenamiento) de sensei Nishiyama, cerca del centro de la ciudad. Solía recibir cartas de Avi (que conservo hasta el día de hoy) donde compartía y describía el duro entrenamiento por el que pasaba, lo nuevo que aprendía, sus descubrimientos diarios y la gran experiencia integral de entrenar con un gran maestro. De esas cartas, un mensaje en particular me sorprendió y, también, me emocionó y frustró: "Todo lo que hemos hecho hasta ahora es realmente incorrecto y prácticamente inútil". Fue algo increíble y terrible, al mismo tiempo que inspirador y desalentador.

Avi había llegado a Los Ángeles como cinturón negro, tras años de formación y de tener el rango de maestro en Israel. Sin embargo, ahora debía aceptar que en realidad se encontraba al comienzo y, de hecho, era cinturón blanco. Más allá de eso, el mensaje no solo fue que los años de arduo trabajo no lo habían llevado a ningún nivel alto, sino también que esos años le provocaron distintos daños debido a un entrenamiento incorrecto y a la internalización de principios erróneos. En otras palabras, era necesario derribar lo existente para poder reconstruirse de manera correcta. Avi ya se encontraba en un proceso de cambio, diariamente recibía inspiración, motivación y conocimiento del gran maestro... ¿Y yo? Estaba confundido, sentía frustración combinada con entusiasmo.

Imaginaba, basándome en las cartas de Avi, cómo era Los Ángeles y cómo se veía el verdadero "karate" que Avi había descubierto, pero que aún era desconocido para mí. No sabía qué hacer, ¿seguir entrenando como lo hacía hasta ahora, a pesar de confiar en Avi y saber que ese no era el camino correcto? ¿Cómo puede uno invertir tiempo, esfuerzo físico y mental, y tener la voluntad de continuar cuando aquellos a quienes consideras fuente de autoridad te dicen que lo que haces está mal y que refuerza hábitos no deseados? ¿Debía parar? ¿Mejor no hacer nada? Y luego... Finalicé mis estudios de la carrera de Ingeniería Eléctrica en la Universidad de Tel Aviv y en unos meses debía ingresar al ejército, así que decidí unirme a la aventura.

Para obtener respuestas sobre lo que tanto me había perturbado, había generado una incipiente curiosidad y había encendido mi imaginación, en 1982 viajé a Los Ángeles por primera vez, siguiendo el plan de Avi de entrenar con el gran maestro sensei Nishiyama. Los primeros meses en Los Ángeles pueden describirse como un "entrenamiento básico del ejército": disciplina, entrenamiento duro y falta de recreación o cualquier tipo de diversión. Estaba en la ciudad de Los Ángeles, Hollywood, las famosas playas y las chicas de California, pero lo que más recuerdo son los largos viajes en autobús, de ida y vuelta hacia otra clase de entrenamiento, y entre las clases tratar de recuperarme y ganar fuerza para el próximo entrenamiento. Sensei Nishiyama era muy estricto en ese momento y, desde mi perspectiva, me llevó casi al borde de la desesperación. Intentaré explicarlo: sentía que no importaba lo que hiciera, cada movimiento sería criticado por ser incorrecto o no lo suficientemente bueno. Para ilustrar mi frustración, recuerdo que en algún momento sentí que era mejor si evitaba moverme o hacer cualquier cosa con la esperanza de poder escapar de las correcciones. Pero eso tampoco ayudaba, ya que incluso en ausencia de cualquier movimiento externo, corregirían mi postura, mi respiración o mi falta de respuesta. Mirando hacia atrás, esta fue mi etapa de "reconstrucción". Como un edificio viejo y no muy bien construido que debería ser demolido solo para ser reconstruido de manera correcta, viví la DIFÍCIL etapa de deshacerme de los viejos e incorrectos hábitos y de adquirir otros nuevos. Es muy parecido a instalar un software nuevo en un sistema para que pueda funcionar de manera más eficiente. El problema es que las personas somos "criaturas de hábitos", y el cambio de hábitos ya arraigados es un proceso difícil que implica salir de nuestra zona de confort, para lo que se requiere una importante inversión y motivación mental (y física). En mi caso, también era necesario seguir la guía de nuestro maestro, incluso cuando a veces no entendía en absoluto o me sentía frustrado. Hoy en día, y principalmente en la sociedad occidental, es un concepto educativo bien aceptado proporcionar una "retroalimentación positiva", alentar y fortalecer al estudiante por sus acciones y logros positivos o acertados. En cambio, allá por 1982 en Los Ángeles no recuerdo haber recibido ningún tipo de estímulo o elogio por algo que hubiera hecho; en realidad, todo lo que recuerdo son más correcciones y más trabajo duro. Por haber sido maestro durante muchos años, a menudo pensaba en la "manera correcta" de enseñar buscando los mejores y más efectivos métodos y enfoques de enseñanza de las artes marciales y en general. En pocas palabras, creo, como en cualquier otro aspecto de la vida donde se trata con personas, en "el término medio o camino dorado" que representa el equilibrio justo entre los extremos y, de acuerdo con Platón, es la justa medida por la que una persona debería esforzarse. Existen buenas razones y ventajas significativas para mantener una disciplina estricta y crear un ambiente y una atmósfera de clase serios, con observaciones cuidadosas sobre detalles relevantes e incentivando al estudiante a emplear y aprovechar su potencial y su capacidad. De igual manera, creo en la importancia y en el poder de una buena palabra de aliento en el momento y el contexto adecuados. Después de todo, el propósito es construir y fortalecer al estudiante y no quebrantarlo. Cada individuo tiene un "punto de inflexión" diferente y la habilidad de un gran maestro consiste en saber cuándo y hasta qué punto presionar a un estudiante y cuándo es necesario una palabra de aliento. ¿Ya mencioné la palabra mágica "equilibrio"? Volviendo a mi yo joven en Los Ángeles, pasaron días y semanas, y comencé a sentir un cambio real, y con él, una gran satisfacción por el descubrimiento de un nuevo mundo; con respecto a mí y a mi conexión e interacción con las personas que me rodeaban.

En lo único que pensaba todos los días era en el karate. En todo momento pensaba, intentaba y probaba los nuevos descubrimientos que me revelaba sensei Nishiyama. Uno de los pocos "entretenimientos" que tenía durante mi primera estadía en Los Ángeles, para relajarme un poco de la presión y la carga mental y física, era ir al supermercado a pasear por la enorme colección de cosas y consentirme con algo delicioso. Y allí, entre góndolas de comida, también experimentaba e intentaba movimientos que probablemente parecían extraños para otros que me miraban con interés, pero que para mí eran una expresión perfectamente natural de lo que día y noche llenaba mi mente en ese momento. El karate tradicional, como me enseñó sensei Nishiyama, realmente me conmovió y reconstruyó en mí los conceptos centrales más básicos y fundamentales del yo, desde la forma en que estoy de pie (gran tema el de la postura), mi respiración, mis movimientos, la energía que genero, la conciencia sobre mi entorno, cómo respondo de manera eficiente. Todo lo anterior con el fin de conectarme en forma eficiente con las personas, poder interpretarlas desde un principio, anticipar su próximo movimiento y aprovechar todo para establecer una estrategia efectiva para así crear oportunidades y lograr mis objetivos mientras controlo los posibles riesgos. De hecho, descubrí un mundo completamente nuevo a través del karate que, en ese entonces, en 1982, se encontraba todavía inmaduro, como una semilla plantada que aún no creció y se desarrollará a lo largo de los años. Esto me condujo hacia muchas experiencias y logros emocionantes, incluido el comienzo de mi programa BuDo-Way y la escritura de este libro. Junto con mi cambio y los continuos descubrimientos, sentí la necesidad de volver a casa y compartir con mis amigos el nuevo mundo que había descubierto. Para mí era muy importante regresar a casa con un cinturón de grado oficial otorgado por sensei Nishiyama. Así que comencé a prepararme, con la ayuda de mi amigo Avi, para mi clasificación de grado con sensei Nishiyama. El problema era que, a pesar de que había practicado durante varios años y me encontraba presuntamente avanzado, en realidad no poseía clasificación oficial ni cinturón de ninguna entidad reconocida. Avi me ayudó a comunicarme con sensei Nishiyama –por respeto y por el código *dojo*, al ser nuevo no podía hablar de manera directa con el gran maestro. Entonces, la comunicación era a través de Avi que hablaba en mi nombre. Se acordó que en mi caso, por ser uno especial, el examen comenzaría desde el primer cinturón amarillo y continuaría a los grados más altos hasta que sensei Nishiyama decidiera que había alcanzado un nivel que reflejara mi capacidad y rendimiento actuales, y allí se detendría.

No puedo dejar de insistir en lo importante que era para mí en ese momento volver a casa con el grado más alto posible otorgado por sensei Nishiyama. Aparte del honor y la gratificación de mi ego, estaba el aspecto práctico de ser aceptado como fuente de autoridad una vez que regresara a casa y estaba ansioso por enseñar y transmitir todo el conocimiento que había adquirido. Empecé a entrenar duro, con la ayuda y la guía de Avi, bajo la suposición (y la esperanza) de que alcanzaría el cinturón marrón (3Q). Todavía recuerdo el tiempo y las interminables repeticiones que invertí al practicar el *kata* requerido para el examen de cinturón marrón.

El día del examen, justo antes de mi viaje programado de regreso a casa, evaluaron a varias personas junto conmigo. Esperé mi turno con entusiasmo y esperanza. Sensei Nishiyama comenzó a evaluarme desde el nivel más bajo de cinturón y continuó hacia los más altos hasta que se detuvo en 4Q... ¡un nivel anterior al cinturón marrón! Estaba impactado. Por supuesto, no pude decir nada para expresar mi decepción, mi frustración y mi gran dificultad para aceptar el "veredicto". Incluso ni con Avi podía hablar del asunto. La forma de ser y el comportamiento esperado en ese momento no incluían compartir emociones ni manifestar resentimiento hacia el gran maestro y sus decisiones. El maestro decide y tú aceptas —eso es todo, simple y claro. Entonces allí me encontraba yo: un joven en Los Ángeles en 1982, herido, decepcionado y muy confundido después de no recibir el tan deseado cinturón marrón. ¿Qué hice? Nada dramático. Caminé solo hasta la sucursal de McDonald's junto al *dojo* de sensei Nishiyama, ahogué mi dolor en un delicioso (y probablemente insalubre) batido mientras trataba de digerir mi fracaso. Una tormenta de emociones y pensamientos inundaba mi mente...

¿Y ahora que haré? ¿Cómo puedo volver a casa sin siquiera haber obtenido el cinturón marrón después de la inversión que he hecho y todo lo que he aprendido? La palabra "fracaso" hizo eco en mi mente con otros pensamientos y sentimientos negativos, entre ellos: ¿realmente valió la pena todo el esfuerzo? ¿No logra ver que merezco un cinturón marrón? ¿Tendrá razón y no soy tan bueno como creo? ¿Debería renunciar de una vez por todas al karate? Mi autoestima resultó gravemente herida. A menudo en la vida valoramos lo que otros dicen o piensan de nosotros y buscamos la seguridad de obtener respeto y aprecio de nuestro entorno. Sin dudas esta no era la excepción y definitivamente me dolió, ya que me resultó difícil aceptar que no obtendría el honor y el reconocimiento que tanto esperaba de recibir un cinturón marrón de sensei Nishiyama.

Al no lograr mi tan deseado cinturón marrón, podría ceder fácilmente al "efecto dominó" de las emociones que conducen a sentimientos negativos, como por ejemplo: soy una víctima, el mundo está en mi contra, fracaso una y otra vez, no se cómo continuar, la vida no tiene sentido, y así hundirme cada vez más y más... O elegir (siempre tenemos la posibilidad) seguir el "camino de la compensación" detallado previamente y:

- **Ser consciente de mis emociones**: sí, estoy muy decepcionado, triste y herido por la decisión de sensei Nishiyama de no concederme el cinturón marrón.
- **Aceptar mis emociones**: contemplo mi decepción con una actitud positiva y la recibo como parte de mi naturaleza humana. Entender que está bien sentir esas emociones propias del ser humano.
- A través de una reflexión honesta y la aceptación pude crear el espacio mental requerido para una interpretación positiva y emocionalmente proactiva de la situación y buscar un plan de acción creativo y constructivo. En lugar de pensar que sensei Nishiyama no me quería o no me respetaba, elegí una interpretación positiva al sugerir que era solo porque le agradaba y me respetaba que me otorgaba esos desafíos, porque creía en mí y en mi futuro como un gran hombre de karate.

- Con solo considerar esta interpretación positiva pude desviar completamente mi estado mental, así que en lugar de ceder y perderme en el "camino de la víctima" pude comenzar a buscar alternativas y planes de acción y, en consecuencia, lograr lo que tanto deseaba.
- **Transformación**: en lugar de luchar, negar o tratar de eliminar mi decepción y mi frustración, pude seleccionar, convertir y utilizar esas emociones negativas tan poderosas para un propósito positivo. Decidí dirigir toda mi frustración hacia el entrenamiento, tan duro como pudiera en el próximo año, y volver a realizar el examen de cinturón marrón lo antes posible.

La ley de preservación del eros

De acuerdo con el concepto anterior, sugerimos que la suma total de pasión y emociones humanas es constante. Por ejemplo, si permites que "tu eros" cambie y se centre en la ira y la frustración, será a expensas de tu capacidad de seleccionar "eros positivos" de alegría, entusiasmo y amor hacia una causa digna.

Los desafíos hacen la vida interesante, y superarlos hace la vida significativa.

Joshua J. Marine

Las dos flechas. El dolor es inevitable, el sufrimiento es opcional

El dolor frente al sufrimiento

El dolor en la vida es parte de nuestra existencia humana en este mundo. En la conocida parábola budista esto se simboliza con la primera flecha.

Esta primera flecha o dolor es inevitable y nos golpea a lo largo de nuestra vida en circunstancias como enfermedad, pérdida, dolor físico y muerte.

Por otro lado, el sufrimiento adicional que sigue al dolor inicial, asociado con la segunda y otras flechas que suelen aparecer, en gran medida es uno mismo quien decide provocarlas. Eso es el sufrimiento innecesario que agregamos al dolor inicial, con nuestra voz interior que opina e interpreta de manera constante sobre los acontecimientos de la vida como: "¡Oh, Dios mío!, ¿por qué? ¡Esto nunca acabará! ¿Por qué a mí? ¿Otra vez? ¡No lo soporto más! Soy víctima de..."

Con respecto a mi historia del "fracaso del cinturón marrón", no logré alcanzar mi objetivo tan deseado, entonces aparece el dolor de la primera flecha.

Me resultó difícil aceptar la situación (lo que es). Mi resistencia se manifestó en las historias e interpretaciones "en papel de víctima" que mi mente creó a continuación, lo que causó un sufrimiento adicional innecesario (segunda flecha).

¿Qué puedes hacer tú? ¿Cómo puedes evitar el sufrimiento innecesario de la segunda flecha?

Aceptar "lo que es": sé consciente del dolor, no luches ni te identifiques con él. Tampoco dejes que se apodere de ti. Desde tu "ser interior" contempla tu dolor tal cual es, sin agregar "suposiciones". Sé como el agua o el viento que se encuentra en constante movimiento y adaptación; al encontrar una roca (cuando aparece el dolor de la primera flecha al fracasar en un examen) fluye inmediatamente mientras aceptas y te adaptas a lo que es.

Comprende y acepta la naturaleza del mundo en constante evolución con influencia de todos los seres.

En lugar de construir una actitud de desapego e indiferencia hacia el mundo, aprende a vivir y fluir con lo que la vida te ofrece a través de la comprensión y aceptación de las "reglas del juego" que gobiernan este mundo y tu existencia.

Cuando el dolor aparezca, míralo a los ojos. Si hay algo que puedas hacer para aliviarlo, hazlo, y si no, acéptalo. De cualquier manera, evita agregar "suposiciones" que provoquen flechas adicionales y un sufrimiento innecesario.

Al recordar aquel joven de 1982 en Los Ángeles, debo admitir que en ese momento no pude ejercer tal sabiduría budista y, por lo tanto, agregué muchas flechas de sufrimiento innecesario al fracaso inicial de obtener un cinturón marrón. Espero que mi historia ayude a muchos a evitar flechas similares e innecesarias de sufrimiento opcional; está en tus manos y tienes la llave para dejarlo atrás. Puedes lograrlo al despertar nuestro habitual yo condicionado a través del ejercicio de la conciencia, cambiando así tu mente y, en consecuencia, tu experiencia de vida.

❖ EYAL NIR

Historia de un fracaso 2: cuando fracasé en llevar el campeonato mundial a Israel

En 2009 asistí al campamento de verano de karate tradicional de la Federación Internacional de Karate Tradicional (FIKT) celebrado anualmente y durante muchos años en San Diego, California. En el tiempo sobrante del entrenamiento principal tenía una misión muy importante que cumplir: obtener la aprobación de la dirección de la FIKT para que el campeonato mundial 2010 se celebrara en Israel. Ya habíamos invertido mucho tiempo, esfuerzo y fondos, asumimos compromisos y creamos expectativas en muchos, por lo que regresar de San Diego sin un sí definitivo no era realmente una opción válida para mí. Sin embargo, había un pequeño obstáculo que superar: Brasil presentaba su propia propuesta para albergar el campeonato mundial de 2010. Con mi gran poder de persuasión, destaqué las numerosas ventajas de organizar el evento en Jerusalén frente a la opción de San Pablo. Realmente hice mi mejor esfuerzo pero... ¡fracasé!

No podía creer lo que oía, después de todo lo que habíamos hecho, el campeonato mundial de 2010 se celebraría en Brasil. ¿He mencionado antes la palabra decepción? ¿Tienes presente la primera flecha budista? Bueno, recuerdo ese dolor de decepción en 2009. No podía aceptarlo, ¿cómo volvería a casa? ¿Qué les diría a todas las personas que esperaban mis buenas noticias? ¿El esfuerzo interminable y todo el tiempo invertido habían sido en vano y no servían para nada? Podía sentir la familiar y destructiva sensación de decepción que emergía desde mi interior y amenazaba con tomar el control, nublando mi juicio y perturbando mi estabilidad emocional. Mis demonios internos despertaban y disfrutaban su oportunidad, ya que mis fracasos son su momento de gloria. Mi inclinación natural en ese momento me llevó a darle la espalda al mundo. Lo último que quería era hablar con cualquiera, ya que me sentía enojado con todos, traicionado. "¿Cómo pudieron hacerme esto?". En esos momentos, existe una fuerte tentación de saltar al "agujero negro de la miseria" y a sentir lástima de mí mismo, ya que parece que todo el mundo está en mi contra. Se necesita un gran poder mental, determinación y conciencia para detener esta bola de nieve negativa, mandar a descansar a tus demonios y recuperarte, para así ser capaz de manejar la situación de una manera constructiva (en lugar de destructiva). El primer paso, como ya explicamos en nuestro análisis sobre el "fracaso del cinturón marrón", es a través de la conciencia y la aceptación: soy consciente de la situación y de todas las emociones propias del ser humano generadas en mí. Sí, soy humano y no me avergüenzo de ello. A continuación, hago todo lo posible (a veces me obligo a mí mismo) por buscar y proporcionar una interpretación positiva de la situación que aparenta ser muy mala. En mi caso, traté de pensar en los grandes desafíos y la presión que ya no sentía, pues si nuestra propuesta hubiera sido aceptada habríamos debido terminar con todos los preparativos para el campeonato mundial en el corto tiempo que quedaba hasta 2010. La capacidad de proporcionar una interpretación constructiva y encontrar algún punto positivo dentro de una situación decepcionante cambió mi estado mental y dio lugar a un pensamiento creativo en lugar de una autocompasión destructiva.

Como todavía sentía una tormenta de emociones vibrando dentro de mí, traté de hacer un túnel y desviar esas poderosas energías hacia algún pensamiento creativo. ¿Qué podría hacer, dada la situación y la decisión difícil de aceptar, para volver a casa con algún mensaje de esperanza, sin desperdiciar todo el esfuerzo ya invertido y la alta probabilidad de que fuera aprobado por la dirección de la FIKT? Entonces me di cuenta: está bien, no seremos anfitriones del campeonato mundial de 2010 ("aceptar lo que es"), pero ¿qué tal albergar el campeonato europeo de 2011? Al usar el pensamiento positivo y la flexibilidad mental, argumenté en mi diálogo interno que, aunque más pequeño en comparación con el mundial, el campeonato europeo era un evento lo suficientemente importante y prestigioso. Tendríamos más tiempo para los preparativos hasta 2011 y, por ende, menos presión. Luego de elegir a Brasil antes que a nosotros para el evento de 2010, creí que había muchas posibilidades de que fuera aceptada nuestra oferta para ser la sede del campeonato de Europa de 2011. Tal vez fuera preferible comenzar por Europa, ganar experiencia y luego postularnos para el campeonato mundial. Una vez que mandé a descansar a mis demonios y logré salir del papel de víctima, de autocompasión y del camino a la autodestrucción, estaba listo y fui capaz de compartir mis nuevas ideas con mis colegas que apoyaban mi innovador plan. El campeonato europeo de 2011 organizado en Jerusalén resultó en un gran éxito y el fracaso de San Diego fue una lección más y me inspiró para escribir esta sección.

Desde mi "trauma del cinturón marrón" lo he intentado muchas veces y he fracasado algunas. Incluso hoy, luego de tantos años y con un cinturón negro de 7º Dan, aún recuerdo (aunque vagamente) el dolor de aquella decepción en 1982. Así que te animo a que establezcas objetivos valiosos para ti, a que no tengas miedo de tener esperanzas y soñar, y que seas apasionado por lo que haces, para que juntes todo el impulso y la motivación y así logres superar los desafíos en tu camino hacia el éxito y vivas plenamente una vida emocionante y significativa. Sí, es probable que a veces fracases y experimentes la primera flecha de frustración y decepción, ya que estas son emociones humanas de las que debes ser consciente y aceptarlas, en lugar de luchar contra ellas o tratar de eliminarlas al evitar proponerte grandes objetivos.

La pregunta no es ¿estoy decepcionado? (o enojado, triste, frustrado...) sino, ¿adquirí la habilidad mental y desarrollé la conciencia para proporcionar una interpretación positiva y proactiva de "mis fracasos" y así canalizar todas mis poderosas "emociones negativas" hacia la realización positiva y constructiva que me conduzca al éxito mientras aprendo la gran lección de que cada fracaso está ahí para enseñarme algo? Recuerda que la segunda flecha de sufrimiento es opcional, y está en tus manos evitarla.

....

Fracasa seguido para que puedas tener éxito pronto.

Tom Kelley

....

Perfeccionismo y ansiedad: su solución

Análisis de un problema

Hemos estado hablando de la gran importancia de permitirte cometer errores, aceptar y afrontar los fracasos y sus decepciones resultantes. Sin embargo, para algunos cometer un error o fracasar es una opción inaceptable y dedican gran esfuerzo, tiempo ilimitado y energías para evitar tales fallas; esos son los perfeccionistas. Ser serio, dedicado a la tarea y capaz de darlo todo son cualidades importantes, pero a veces dejarse llevar o, como dice sensei Nishiyama, "tratar de disfrutarlo", es igual de importante para lograr un mejor rendimiento, mayor eficiencia y calidad de vida.

Las personas que sufren de ansiedad, que se manifiesta en estrés, preocupación y motivación exagerada, tienden a ser demasiado activas, lo que a su vez empeora aún más el problema. Esas personas necesitan evitar "equivocaciones", o el fracaso juega un rol clave que da paso a la hiperactividad. Muchas de esas personas hiperactivas no lo consideran un problema. Si algún factor externo les impide continuar con su "ritmo habitual" se pondrán ansiosos. Si bien las personas altamente motivadas se destacan en cualquier cosa que hagan, la ansiedad las desborda fácilmente cuando las cosas no suceden según lo planeado. Para ellas, la hiperactividad les sirve para disminuir su ansiedad. Cuando dejan de "correr", su ansiedad se va por las nubes. Quienes sufren de ansiedad intentan constantemente predecir posibles problemas o asegurarse de que todo esté bajo control. No disfrutan de su tiempo libre ni logran relajarse.

Se engañan a sí mismas al creer que si los problemas se resuelven podrán relajarse y disfrutar, pero la verdad es que simplemente intentan usar su energía como una "cura contra la ansiedad". Las personas hiperactivas siempre están a la espera de posibles equivocaciones o sorpresas. Se encuentran constantemente ocupadas en la búsqueda de soluciones, lo que hace que se tomen la vida demasiado en serio y se nieguen a disfrutar de cualquier tipo de diversión o entretenimiento. ¿Te describe lo anterior de alguna manera?

❖ **EYAL NIR**

> Sin duda puedo identificarme con gran parte de lo anterior. En los últimos años, al ser consciente del problema, intenté cambiar y de ahí surge esta sección en el que comparto mis observaciones y una posible solución.
>
> Como sucede con cualquier problema, antes de empezar a resolverlo debes ser consciente, reconocer y admitir su existencia, en especial en el caso del perfeccionismo donde es frecuente la abnegación.

Análisis sobre el perfeccionismo: indicios de un problema

Muchas de las personas que sufren de ansiedad por causa del perfeccionismo no son conscientes y consideran que no la padecen. Para ellos, son objetivos valiosos estar plenamente comprometidos con hacer lo mejor, ser precisos y ejecutar las cosas de manera disciplinada. No consideran su perfeccionismo como un medio para evitar la ansiedad. Tratan de lidiar con su ansiedad al eliminar la causa de sus preocupaciones; es decir, nunca cometer errores o fracasar. El constante esfuerzo por controlar y evitar cometer errores conduce al perfeccionismo, y hace que estas personas se aseguren todo el tiempo de no cometer errores, trabajen horas extra y confíen solo en sí mismas en lugar de delegar responsabilidades.

En las interacciones sociales, la necesidad de tener el control, de "hacerlo bien", no confiar en los demás, hace que el comportamiento del perfeccionista que sufre de ansiedad a menudo sea considerado por los demás como autoritario o arrogante.

Estas personas no comprenden que trabajar duro no eliminará sus preocupaciones; simplemente encontrarán otras razones para preocuparse.

Se encuentran atrapadas en un peligroso "círculo mágico" en busca de posibles problemas o motivos para preocuparse (por ejemplo, encontrar otras preocupaciones) gastan mucho tiempo, esfuerzo y energía para resolver problemas solo para luego buscar y encontrar nuevos.

El perfeccionista a menudo es elogiado o premiado por su trabajo. Esto sirve para aliviar su preocupación de no ser lo suficientemente apreciado (falta de confianza en sí mismo). Sin embargo, teme que tan pronto como modere su permanente perfeccionismo todo se derrumbará y será culpado de todos los errores, lo cual en su mente es un claro indicio de que no vale nada

¿Cómo identificar tu perfeccionismo?

Responde, por favor, las siguientes preguntas:

1. ¿Tienes un profundo sentimiento de responsabilidad individual por los resultados, aunque sea razonable asumir o esperar que otros asuman una parte?
2. ¿Haces el trabajo por todos los demás?
3. ¿Asumes toda la responsabilidad por los resultados del equipo o del proyecto?
4. ¿A menudo (en tu diálogo interno) usas expresiones desmedidas como por ejemplo: es "terrible", "el equipo no sigue las reglas", "nadie hace lo que prometió", "siempre debo hacer todo yo mismo", "si no lo logro todo se echará a perder"?
5. ¿Puedes distinguir entre "suficientemente bueno" y "perfecto"? ¿Eres capaz de implementar esta distinción en tu proceso de toma de decisiones?
6. ¿Tu estrés aumenta de manera considerable si cometes un error?
7. ¿Reconoces este patrón de deterioro?: intentas limitar tu preocupación cuando asumes más responsabilidades y haces más trabajo, poniéndote a prueba e invirtiendo interminables horas.

Si es así, es probable que utilices tu perfeccionismo como un "factor protector de la ansiedad".

Perspectiva BuDo

Es una tendencia natural el deseo de ganar y evitar fracasos y equivocaciones y no resultar herido.

Pero el estar demasiado motivado ("debo ganar") o demasiado cauteloso y vacilante para evitar errores o resultar herido nos impide rendir al máximo y ser más eficientes.

Recuerdo el consejo de sensei Nishiyama para los atletas que por su ansiedad o sus nervios no lograban dar lo mejor de sí mismos durante la competición: "Intenta disfrutarlo". De ninguna manera esto significa ser menos serio o no darlo todo. Similar al concepto de *Ho-Shin*, cuando intento disfrutar algo elimino las barreras y los mecanismos innecesarios, mantengo mi cerebro en constante movimiento para no suponer escenarios, riesgos y posibles resultados, ya que estos inhiben las acciones espontáneas.

Al adoptar el enfoque "intenta disfrutarlo", puedo dejar de lado mi ansiedad por posibles resultados y estar aquí y ahora, darle un descanso a mi cerebro "multitarea" y crear el espacio para la flexibilidad mental necesaria que me ayude a adaptarme a situaciones de cambio.

Solución: cómo moderar tu perfeccionismo y tu ansiedad

El primer paso es identificar y ser consciente del problema.

La mayoría de las personas que enfrentan la ansiedad a través del perfeccionismo no se consideran a sí mismas como tales; se consideran "prudentes", "muy responsables", "precisos", y su respuesta típica ante la realidad sería: "¿yo?".

A continuación, debes tomar conciencia e identificar de manera clara los efectos negativos de tu perfeccionismo. Estos pueden incluir:

1. Hay personas que te reprochan ser autoritario, en lugar de darse cuenta de que eres eficiente o preciso.
2. Estar sobrecargado de trabajo, asumir cada vez más responsabilidades y, en consecuencia, sentirte agotado y exhausto.
3. Estar estresado por el interminable trabajo y la falta de tiempo para lo demás. Estar seguro de que si pudieras encontrar un momento para descansar del trabajo, podrías disfrutar y pasar un buen rato.
4. No disfrutar de ninguna "actividad divertida" ya que te es difícil relajarte y detener la carrera mental de constante planificación, anticipación y resolución de múltiples tareas.

5. A pesar del gran esfuerzo, NO logras evitar tu ansiedad. Si tu perfeccionismo realmente lograra el objetivo de reducir tu ansiedad, no seguirías intentando librarte de él. Entonces, ¿por qué no trabajas menos e intentas encontrar otra manera de librarte de tu ansiedad?

Para reducir efectivamente tu ansiedad a largo plazo, DEBES librarte de tu perfeccionismo.

Esto puedes lograrlo, por ejemplo, al:

1. Aceptar que "el perfeccionismo no es posible", ni tampoco una obligación.
2. Planear ser imperfecto.

Permitirte ser imperfecto

Decide, como un experimento, no asumir toda la responsabilidad y verifica si el trabajo se hace sin ti.

Cuestiónate: "¿qué importancia tiene?", y comienza a ceder el control de las cosas insignificantes".

Descubrirás que si evitas asumir la responsabilidad, otro lo hará (y llenará el vacío que dejes) o, de manera alternativa, si el trabajo no se realiza descubrirás que no es "el fin del mundo".

Trata de no detallar un plan por escrito para tu próxima reunión, arriésgate a que algo inesperado pueda salir mal.

Toma nota de lo indiferentes que son los demás a tu perfección (o imperfección).

Ten en cuenta que cuando inesperadamente algo sale mal, la mayoría de las personas, incluso tú, son capaces de resolverlo de manera correcta.

Agudiza tu capacidad para diferenciar la real importancia de las diversas tareas para ser consciente de lo que podrías realizar.

Debes aprender a distinguir entre el placer o la satisfacción provenientes de tus logros y el "mero placer" (no depende de los resultados) para poder experimentar el placer de la acción en sí, independientemente de su resultado.

Al principio, para muchos la meditación puede ser difícil, en especial para los perfeccionistas, ya que consideran que es tiempo perdido el dedicado a la meditación porque no se trabaja o no promueve ningún objetivo o tarea real. Para muchas personas es muy difícil aprender cómo simplemente "SER" sin ningún "HACER". Sin embargo, es muy importante adquirir esta habilidad mental. Después de todo, nos llamamos seres humanos. Poco a poco aprendemos a tomar el control de nuestra carrera mental, a utilizar nuestras asombrosas habilidades para trabajar en múltiples tareas, planificar el futuro y resolver problemas cuando es necesario, pero a veces deberíamos "detenernos" y encontrar paz en el puro "ser" sin ningún "hacer".

Al dejarte llevar, permitirte relajar y disfrutar mientras utilizas e implementas los principios y métodos proporcionados en este libro, podrás llevar una vida equilibrada, feliz y saludable, y lograr tus objetivos de manera eficiente.

Parte V

Adoptar una vida saludable

Esta parte te proporciona importantes consejos, pautas y herramientas para mantener una buena salud, ya que obviamente es esencial para tu buen rendimiento, tu éxito y tu bienestar.

Incluye las siguientes secciones:

- La salud sí importa
- Alimentos y agua
- Fatiga
- Trabajar de noche
- Adicciones
- TDAH
- Depresión
- Llevar una vida equilibrada

La salud sí importa

❖ **Amit Offir**

Sin duda la salud es un factor crítico. Sin salud no podemos ser efectivos y, en algunos casos, directamente nos sería imposible actuar.

Nuestra salud puede influir en nuestra efectividad. Incluso cosas tan insignificantes como la visión, la hiperactividad o las alergias y los estornudos constantes pueden interrumpir nuestras tareas. Cada una de ellas puede paralizarnos y convertir en un infierno un día normal de nuestra rutina.

Para evitar demasiados días de enfermedad intenta controlar lo que esté en tu poder, minimiza la cantidad de esos días y optimiza al máximo las jornadas de trabajo.
Por ejemplo, asegúrate de vestir de manera apropiada, abre o cierra la ventana según el clima, come y bebe alimentos saludables, regula la temperatura del aire acondicionado para no resfriarte o tomar frío.
A pesar de que las anteriores sean cosas pequeñas y cotidianas, no todas las personas las tienen en cuenta. No recuerdo haberme ausentado del trabajo debido a una enfermedad más de una o dos veces el último año. Conozco a la perfección mi cuerpo y sé cuando voy a enfermarme.
Por lo general, un día antes comienzo a sentirme mal, mi organismo me advierte y, si estoy lo suficientemente atento, empiezo por beber mucha agua. Con el paso de los años descubrí

que beber mucha agua limpia el organismo y me ayuda a evitar las enfermedades a tiempo.

Además, al identificar esos indicios con antelación, me acuesto más temprano y despierto saludable. Funciona el 99% de las veces.

El organismo de cada uno trabaja de manera diferente. Aprende a conocer tu cuerpo y presta atención a sus necesidades. Si inviertes en tu salud, ¡los beneficios serán completamente tuyos! Mantenerse en forma es un modo de estar saludable. No necesariamente de manera profesional. Nuestro cuerpo funciona como una máquina y, para que trabaje de forma apropiada, necesitamos moverlo de manera regular. Incluso con actividades breves, como caminar luego de haber estado sentado mucho tiempo frente a la computadora, elongar después de conducir por un largo rato, etcétera.

Alimentos y agua

❖ **A**MIT **O**FFIR

Los alimentos son nuestro combustible, y es importante que sean de buena calidad para que nos brinden la mejor energía y así poder estar vitales. Si consumimos alimentos que no son saludables corremos el riesgo de enfermarnos o sentirnos mal, lo que puede causar que perdamos días de trabajo importante. El agua es fuente de vida. Sin agua una persona no puede funcionar y, en situaciones extremas, puede incluso morir. Si prestamos atención, cualquier organismo vivo se seca y muere; es comprensible entonces que beber agua pueda aumentar nuestra "vitalidad" y llevar al máximo nuestro rendimiento.

Hace años bebo grandes cantidades de agua y creo, de todo corazón, que gracias a beber mucha agua logré evitar enfermedades, dolores de cabeza, mareos y otros problemas que puedan dañar mi cuerpo. En consecuencia, logro trabajar de manera óptima durante períodos prolongados. Cuando me encuentro saludable y en buenas condiciones físicas, los días de trabajo extra me ayudan a mejorar mi eficiencia y productividad.

Fatiga

Dormir es necesario para el óptimo funcionamiento del organismo. La falta de sueño puede afectar gravemente nuestro rendimiento, nuestra concentración y nuestro ritmo de trabajo. Hay investigaciones que han demostrado que una persona no sobrevive más de diez días sin dormir. Una falta extrema de sueño puede causar diferentes enfermedades e infecciones en el organismo, mientras que un sueño regular de siete u ocho horas por noche te ayudará a lograr un máximo rendimiento.

Debido a los hábitos, la cultura, la vida nocturna, la multitarea, las preocupaciones diarias y otras razones, muchas personas duermen menos horas de las necesarias y, por lo tanto, funcionan con menos efectividad durante el día. Son más lentos, menos precisos, y su rendimiento es insuficiente.

A pesar de que este libro está destinado a enseñarte cómo ser más efectivo, al crear de manera simbólica un día más por semana, ¡la falta de sueño no es la forma de conseguirlo!

Trabajar de noche

❖ **Amit Offir**

Muchas personas disfrutan de trabajar de noche. Algunos afirman que prefieren hacerlo durante esas horas porque encuentran menos molestias y distracciones, y pueden concentrarse más en el trabajo. En lo personal, a veces también disfruto de trabajar de noche y no le encuentro nada malo, a menos que ese trabajo se sume a lo que ya hayas trabajado durante el día.

Si además de tu jornada diurna también trabajas por la noche (que por lo general es lo que sucede), el precio que pagarás al siguiente día será de agotamiento, falta de concentración y fatiga.

Para algunas ocupaciones trabajar de noche es una excelente solución, ya que te permite hacerlo en un ambiente calmo y con menos distracciones. El desarrollo de productos, las etapas de diseño y tener tiempo para pensar son excelentes ejemplos de lo que puedes hacer por la noche. Además, si trabajas con clientes de otros países con diferencia horaria, es recomendable que te acostumbres a esa diferencia para poder trabajar mejor.

Adicciones

❖ **Amit Offir**

Una adicción es muy peligrosa para tu salud y puede alejarte de una conducta eficiente y efectiva.
En lo personal, no fumo, no juego, casi no bebo alcohol y la única adicción que debo reconocer es mi amor por los viajes.

Muchas personas se vuelven adictas a diferentes cosas y consideran la adicción como un escape de la vida que no desean. Cuando tienes un objetivo y disfrutas de lo que haces, la necesidad de huir es menor.

Una de las cosas que puede ayudarte a crecer en los lugares adecuados es pensar siempre cómo actuaría la persona que te gustaría ser.

TDAH

Muchas personas sufren de trastorno por déficit de atención con hiperactividad (TDAH), lo que les dificulta mantenerse concentrados en algo durante un prolongado período de tiempo y requieren descansos con mayor frecuencia que otras personas.

Si sufres de TDAH debes buscar una ocupación que te interese. De esa forma neutralizarás gran parte del problema, e incluso lo aprovecharás para tu beneficio.

En personas con TDAH existe el fenómeno llamado "hiperatención", que aumenta la actividad cerebral y les permite tener un nivel de atención superior al promedio. Si bien esto puede ser una manifestación de un trastorno, también puede interpretarse como una oportunidad para aprovechar y lograr desempeño y resultados mejores.

**Si sufres de TDAH, aprende a utilizarlo
para tu beneficio.**

Depresión

❖ **Amit Offir**

La depresión es un estado mental en el que perdemos nuestro deseo de actuar. Para superarlo, debemos ignorarlo, levantarnos y... ¡actuar! Es necesario generar el deseo de actuar y aspirar a que "con la comida llegue el hambre".

A veces, la depresión en un aspecto de nuestra vida puede motivarnos a cambiar en otro para que el malestar desaparezca.
Mi método para cualquier cosa relacionada con la depresión es encontrar la manera de ser el mejor, al menos en las áreas donde tengo el control. Es decir, ¡hacer todo lo posible para deshacerme de ella y convertirla en algo positivo cuanto antes!

En los días en los que me siento deprimido, trato de ingerir los alimentos más saludables, me visto bien, duermo bien (entre siete y ocho horas), bebo mucha agua, me gratifico con cosas que me hacen sentir bien, hago deporte, escucho música, encuentro tiempo para pasar con mi familia y amigos, veo comedias, busco hacer algo desafiante, lidio con algún miedo que tenga, salgo a caminar para respirar un poco de aire fresco e inspirarme, y disfruto de mi tiempo con alguna mascota (por ejemplo, un perro me hará reír pase lo que pase.
Lo que quiero decir es que cuando me siento deprimido trato de hacer lo contrario de lo que me piden mis instintos e impulsos. Incluso puedes intentar reír con fuerza. La risa libera endorfinas al cerebro, lo que nos hace estar de buen humor, aunque sea una risa simulada. El cerebro no distingue una risa

verdadera de una falsa. La ley de conservación de energía establece que la energía no se crea ni desaparece, sino que cambia de una forma a otra. Como no puedes evitarla, te sugiero que transformes tu depresión y la conviertas en algo positivo, constructivo y útil.

Por supuesto, este consejo no sustituye a una consulta con tu médico.

Llevar una vida equilibrada

Para tener éxito, debes esforzarte por crear un equilibrio en todos los aspectos de tu vida.

El trabajo es solo uno de ellos, y es deseable alcanzar un equilibro también en tu vida personal, tu familia, tu salud y tu vida social.

Para mantener tu efectividad intacta durante mucho tiempo, todos estos aspectos deben recibir tu atención.

La capacidad de gestionar nuestras vidas de forma equilibrada y sinérgica posiblemente sea la práctica más efectiva a la que una persona pueda aspirar.

Para mantener la efectividad en el tiempo, es evidente que debemos descansar y crear un equilibrio en nuestras vidas que nos permita continuar y trabajar de manera efectiva.

No somos máquinas, y existen momentos en los que necesitamos tomar un descanso y recargar energías.

Necesitamos entonces, por ejemplo, dormir al menos siete horas por la noche y, a veces, irnos de vacaciones.

No buscamos convertirte en un robot, sino que pretendemos enseñarte cómo crear tus mejores logros personales mientras mantienes una vida saludable y equilibrada.

Aquí hay un resumen de algunos hábitos que debes adoptar para que la efectividad sea parte integral de tu vida.

Inicia un registro y escribe a diario tus actividades habituales. De esta manera, puedes controlar la forma en que utilizas tu tiempo y ser consciente de ello.

Haz una lista de las tareas que te gustaría completar en un futuro próximo. Por ejemplo: escribir un libro, estudiar para un examen, desarrollar un emprendimiento, etcétera.

Selecciona la manera en que podrías finalizar esas tareas en el tiempo libre que encuentres.

Por ejemplo, si descubriste que viajas en autobús durante ocho horas a la semana, en ese lapso puedes tomar un lápiz y papel y comenzar a escribir el libro que deseas. El primer día podrías encontrar el tema, luego determinar la estructura general del libro, escribir el índice y los nombres de las secciones. Además, puedes investigar un poco en Internet y ver cómo están escritos otros libros, y tal vez tomar algo de inspiración e ideas para implementar en tu propia obra. Si un viaje ruidoso te impide escribir el contenido del libro, busca otro tiempo libre para dedicarle a esa tarea.

Otra vez el punto es "tomar el control" al observar la imagen integral de todas las tareas pendientes y actividades planificadas, priorizarlas de acuerdo con tus preferencias mientras te esfuerzas por lograr una vida equilibrada que incluya "tiempo de recreación" y ejecutar tu plan de prioridades aprovechando los "tiempos muertos" y convertirlos sabiamente en momentos efectivos.

Parte VI

Creer en ti mismo

Esta parte proporciona herramientas y ejercicios concretos para mejorar tu autoestima al creer que eres capaz, marcando así tu camino hacia el éxito.

Se incluyen aquí las siguientes secciones:

- Fe
- Poder decir "no"
- Tú puedes
- Creer en tus resultados
- Paradigmas y percepción
- Educación
- Superstición

Fe

La fe despierta un inmenso poder. No hay comparación entre una persona que actúa por fe y otra que no tiene fe en sus acciones. La fe nos fortalece y nos alienta a superar dificultades y desafíos.

Para preservar la fe debes practicarla. Sin una práctica regular, memorización constante y convicción personal, tu fe podría debilitarse.

Si eres capaz de dar un verdadero significado a tus objetivos establecidos, podrás superar grandes dificultades en tu camino hacia su cumplimiento.

Poder decir "no"

No todos tenemos la misma capacidad para decir "no". Si te encuentras atrapado en situaciones en las que te sientes incómodo, si siempre te trasladas a las reuniones en vez de que la otra parte acuda a ti, es posible que estés perdiendo un tiempo valioso.

No debes responder todas las llamadas por el solo hecho de que el teléfono suene. Aprende a hacerlo según tu conveniencia. Si no te interesa atender a un cliente, aprende a decir "no". Es preferible el rechazo a la insatisfacción de una vida repleta de frustraciones solo porque no tienes las agallas para decir "no".

Poder decir "no" también está relacionado con tu autoestima e imagen personal, y puede estarlo con tu entorno, las personas con las que trabajas, e incluso con tu círculo íntimo. Es más difícil rechazar a personas dominantes y manipuladoras, que emplean el chantaje emocional para crear sentimientos de culpa, celos, ira, etcétera. Una gran parte de tu progreso y crecimiento es aprender a decir "no" a las cosas que te ralentizan. Por lo tanto, presta atención y aprende cuándo decir "no".

Tú puedes

El propósito de las herramientas proporcionadas en esta sección es ayudarte a adquirir confianza mental y capacidad para mantenerte firme, superar desafíos, amenazas, estrés y miedo.

Para adquirir la habilidad de creer "sí, puedo", que aplicarás en situaciones de la vida real, debes saber entrenar tu imaginación como se describe en el siguiente ejercicio.

Ejercicio "intercambio de imágenes"

Paso 1

Elige una situación, experiencia o sentimiento que para ti estén asociados con una emoción negativa como por ejemplo: miedo, dolor, disgusto, presión, pánico...

Para un competidor de artes marciales, por ejemplo, eso pueden ser las largas y estresantes horas que pasa esperando su turno en una competición y lidiando con mucha presión, con miedo al fracaso, a lastimarse, manteniendo así su máximo nivel de preparación durante horas.

Paso 2

Selecciona una imagen (A) que represente esa situación "dolorosa".

Paso 3

Selecciona una segunda imagen (B) que represente un manejo exitoso de la difícil situación de la "imagen A".

Volviendo al ejemplo del deportista, la imagen B podrías ser tú situado en el podio después de ganar a la espera de tu trofeo.

Paso 4

Coloca la imagen A en tu imaginaria pantalla interior y observa el efecto.

Paso 5

Demuestra resistencia (sí, puedo) al posicionar la imagen B en la esquina inferior izquierda de tu pantalla mental. En nuestro ejemplo, esa sería la escena en el "podio de la entrega del trofeo". En esta instancia, la imagen B continúa apareciendo como una pequeña imagen parpadeante en la esquina inferior izquierda de mi pantalla mental interior.

Paso 6

Imagínate cómo la imagen B se hace cada vez más grande a medida que crece y finalmente reemplaza por completo a la imagen A en toda la pantalla de tu imaginación.

Resumen de la herramienta adquirida

La capacidad de intercambiar entre las imágenes A y B en tu pantalla mental interior te ayudará a afrontar con éxito situaciones similares en el "mundo real", aprovechando las asombrosas cualidades de la imaginación humana.

Integración de facultades físico-mentales

La capacidad de "mantenerse calmo" al presentarse ante una audiencia, asistir a una reunión de negocios o a una negociación importante o resolver una situación conflictiva es fundamental para ser eficiente. BuDo proporciona una base muy relevante para adquirir dicha habilidad: la capacidad de contar con todas tus "facultades" físico-mentales juntas en una tarea determinada y en un momento dado.

Perspectiva BuDo

Por lo general los principiantes controlan y mueven partes de su cuerpo de manera aislada.

A medida que avanzamos, adquirimos la coordinación de todas las partes del cuerpo a lo largo de la cadena cinética, lo que permite el desplazamiento de la energía en el momento indicado de una parte del cuerpo a la siguiente hasta extenderse a nuestras extremidades.

De manera similar, en situaciones de la vida real nos esforzamos por la integración de todas nuestras facultades mentales para lograr estar presentes aquí y ahora. Esto permite una mayor conciencia, sensibilidad, capacidad de respuesta y determinación con flexibilidad mental, que en conjunto sirven para tu exitoso rendimiento en la mayoría de las situaciones.

Creer en tus resultados

❖ **A**MIT **O**FFIR

Cuando una persona crea un negocio o comienza algún tipo de proyecto, por lo general aborda la tarea con la creencia de que puede ser exitoso. Este sentimiento podría estar en una de las cuatro fases de resistencia a lo largo de la implementación del proyecto.

Primera etapa: Pienso que mi negocio será exitoso
Toda iniciativa, negocio o proyecto comienza en este primer nivel. Primero debes pensar en la tarea de manera positiva. Si en esta instancia ya crees que el proyecto no tiene posibilidades de progresar, no existe razón para que continúes y sigas desarrollándolo hacia la siguiente etapa.
Es fundamental invertir tiempo suficiente en esta "fase de reflexión y planificación" para que tu paso hacia las siguientes etapas sea a través de un camino que garantice el éxito.

Segunda etapa: "Tengo fe en que mi negocio será exitoso"
El significado de la palabra "fe" es aceptar las cosas como son sin necesidad de evidencias. Para avanzar y creer, son necesarias la práctica continua, la memorización y la persuasión personal en la materia. Para las personas que se encuentran en esta etapa el éxito de un proyecto no se presenta como algo absoluto y depende de su fe. Si te encuentras en esta etapa, mientras persistas y fortalezcas tu fe en el proyecto, mayores serán las posibilidades de tener éxito.

Tercera etapa: "Sé que mi negocio será exitoso"
El uso de la palabra "saber" implica aceptar algo con cierta evi-

dencia basada en experiencias pasadas. Esta etapa es más que la fe porque está más consolidada y las posibilidades de éxito del proyecto son mayores.

Cuarta etapa: "Estoy seguro de que mi negocio será exitoso"

El significado de la palabra "seguro" es aceptar algo con convicción, sin cuestionamientos o dudas. Esta es la etapa superior a la que una persona puede llegar, donde se sentirá firme y decidida a triunfar, se negará a fracasar en la tarea y será muy difícil distraerla de su objetivo. En esta etapa las personas encuentran maneras creativas de ser exitosas en sus tareas.

Cuando comencé mi negocio, me negaba a trabajar con personas que no creyeran en mi marca registrada. Cada vez que accedí a trabajar con alguien que no demostraba confianza en el éxito de mi proyecto (tal vez aún no lograba sentirlo o estar convencido) sabía de antemano que el proyecto fracasaría incluso antes de comenzar.

Cuando un escéptico se entromete, transmite esas energías y no aporta su verdadera pasión, fe y certeza con respecto al negocio, los clientes pueden sentirlo de inmediato. En todos los casos en los que trabajé con personas que creyeron en mí, fue lo mejor y tuve grandes éxitos.

Sé que es difícil encontrar personas que crean con gran determinación, pero a veces es mejor filtrar a todos los candidatos y hallar a quienes prosperarán en lugar de aceptar a cualquiera y perder el tiempo con sus fracasos. Esto también es aplicable a la contratación de empleados. Es mejor realizar una selección minuciosa antes de contratar personas que no sean idóneas para el trabajo, que no crean en tu proyecto, e invertir tiempo, recursos y energía en ellos para luego tener que despedirlos. Tendemos a contratar empleados lo más rápido posible y, al hacerlo así, después no conseguimos desprendernos de ellos, aunque no sean eficientes y efectivos o no contribuyan al éxito del proyecto. De esta manera, desperdiciamos un tiempo valioso, recursos y energía, y nuestro negocio no crece ni progresa.

Cuando tomo la decisión de comenzar con un nuevo proyecto, necesito saber que daré todo de mí y que haré todo lo que esté a mi alcance para que progrese.

Una de las anécdotas más extremas de la historia ilustra la conexión entre la fe y el éxito: la historia de Hernán Cortés, quien conquistó México en el siglo XVI. Cortés oyó comentarios de algunos de sus soldados sobre una retirada y se preocupó por la posibilidad de que la idea se expandiera en su ejército y lo condujera a la derrota. En respuesta, quemó los barcos en que habían llegado y les dijo a sus soldados que regresarían a casa como ganadores o en un ataúd. Fue una acción extrema que hizo que Hernán Cortés sea recordado como alguien que convirtió el miedo en un impulso. ¡Y ganaron!

Si quieres tener éxito en la vida, necesitas entregar el cien por ciento de ti. Esa es la única manera de lograr resultados y alcanzar el primer lugar.

Paradigmas y percepción

Los paradigmas son suposiciones básicas sobre la realidad. Asumimos que las cosas funcionan de cierta manera e interpretamos la realidad sobre la base de nuestra experiencia y de un conjunto de reglas que asumimos que rigen el mundo.

Los paradigmas y las percepciones que nos impiden avanzar pueden ofuscarnos y convertirnos en personas completamente inefectivas. Por lo tanto, es importante ser consciente de ellos.

Nuestra percepción de la realidad está compuesta por patrones de pensamiento, interpretación personal y creencias que afectan a nuestra visión del mundo. Actuamos y operamos de acuerdo con esa percepción.

Los paradigmas nos ayudan a elaborar una imagen del mundo, lo que nos crea cierta sensación de control, o al menos algún tipo de comprensión de la realidad. Por otro lado, los paradigmas pueden evitar que intentemos nuevas cosas, como aquellas con las que tuvimos una mala experiencia en el pasado.

Si lo piensas, en realidad los paradigmas crean una interpretación de la realidad en todos y cada uno de nosotros y nos brindan una sensación de control sobre nuestras vidas, tal como se ilustra en el próximo ejemplo.

Una persona se encuentra trabajando en su oficina con la ventana abierta. Al día siguiente tiene resfriado.

Asocia su resfrío con la ventana abierta y, a partir de ese momento, cree que si abre la ventana seguro que volverá a resfriarse.

Puede ser que en realidad se haya contagiado el resfrío de alguien sentado a su lado en el autobús y no lo haya notado, pero asocia su resfrío a la ventana abierta y ahora cree comprender la realidad y tener el control sobre ella. Ese es su paradigma.

En nuestra vida diaria constantemente escuchamos las diferentes percepciones de las personas que nos rodean y, en ocasiones, son "contagiosas", hasta tal punto que llegamos a adoptarlas.

Presentamos algunos ejemplos de afirmaciones que pueden convertirnos en personas inefectivas y dificultar nuestro progreso y avance en la vida.

- Nadie trabaja durante las vacaciones.
- Nos encontramos en una crisis económica: nadie hace compras en este momento.
- Todo es costoso.
- No puedo hacer eso.
- Existe una gran competencia en el mercado, deberían bajar los precios.
- Nadie pagará ese precio por...

El mayor problema al adoptar un paradigma es que define nuestros pensamientos y crea nuestra realidad para que sea compatible con nuestras suposiciones y afirmaciones. Si nuestros paradigmas son positivos y creativos, y logramos pensar de manera original, nuestra realidad también cambiará y podremos conseguir nuevos y mejores resultados.

Educación

La educación es lo más importante cuando se trata de adquirir habilidades relevantes y esenciales para un plan de acción, conseguir efectividad, creatividad, pensamiento claro y espíritu empresarial.

Los padres pueden enseñar a sus hijos a pensar de manera efectiva y creativa y dar el ejemplo en cuanto al desarrollo personal y el éxito.

Por otro lado, los hijos de padres pasivos pueden experimentar dificultades en adquirir las herramientas necesarias para desarrollar una personalidad efectiva. Una educación basada en economía es un ejemplo de educación que no se recibe en la escuela y, a menudo, tampoco en casa. La falta de una orientación económica puede causarnos muchas dificultades en el futuro como adultos. Si no has recibido la educación que desearías tener, intenta encontrarla en libros, artículos, películas, biografías de personas exitosas, e incluso mediante asesoramiento y estudios independientes que te ayuden a crecer en la dirección que anhelas.

Superstición

Las supersticiones son creencias sin fundamen}to e irracionales que no se basan en hechos demostrados.

Las supersticiones están muy relacionadas con la educación y los paradigmas. Es la manera en la que se percibe la realidad.

Sostenemos que mientras esa creencia no genere ningún daño a otra persona, no se puede juzgar ni castigar a nadie por aferrarse a ella.

En lo personal, tratamos de adoptar creencias que contribuyan a nuestro crecimiento, a nuestra salud mental y física, y que nos empoderen.

Si tienes una superstición que te hace perder el ritmo, influye en tu autoestima, no te parece lógica o no contribuye de ninguna forma, nuestro consejo es que la dejes de lado. Una de las maneras de hacerlo es consultar a los demás y escuchar sus opiniones. Es aconsejable que dialogues con personas de diferentes entornos para tener un panorama más completo.

Siempre debes intentar escuchar los consejos de los demás y estar dispuesto a cambiar tu percepción cuando sus argumentos sean sólidos y convincentes.

Cuando hablas solo repites lo que ya sabes, pero si escuchas quizás aprendas algo nuevo.

Dalai Lama

Parte VII

Crecimiento: el camino hacia un "nuevo tú"

Esta parte proporciona herramientas para facilitar tu crecimiento como persona, desde donde te encuentras hoy hacia un "nuevo yo" mejorado de acuerdo con tus objetivos establecidos.

Estas herramientas deberían ayudarte en tu viaje hacia la conversión en una persona mejor, más capaz y efectiva.

Este parte incluye las siguientes secciones:

- Salir de tu zona de confort
- Cometer errores está bien
- Contemplar el panorama completo
- Falta de conocimiento
- Capacidad de aprender
- Habilidades sociales
- Crecimiento y desarrollo personal
- Crear una nueva realidad

Salir de tu zona de confort

Salir de tu zona de confort es esencial para tu crecimiento. Quedarte en ella te impedirá experimentar un verdadero crecimiento y desarrollo. Muchos necesitan pasar por una crisis o un sufrimiento intenso que los lleve a un límite mental que permita salir de su zona de confort y hacer un cambio significativo en sus vidas. En general, solo cuando nos vemos enfrentados a un problema comenzamos a pensar en posibles soluciones. Sin embargo, no tiene por qué ser así. Podemos adoptar el descubrimiento, el cambio y el crecimiento sin tener que llegar al límite del sufrimiento. Abandonar tu zona de confort es una de las cosas más significativas que puedes hacer para batir récords y lograr mejores resultados.

❖ **AMIT OFFIR**

Cuando ocurre un evento inesperado en nuestras vidas, necesitamos resolverlo y tomar una determinación.

Como entrenamiento para tales "sorpresas", imagino diferentes situaciones problemáticas, crisis o circunstancias que simulen diferentes escenarios de presión que requieran ser manejados o superados, o que resuelvan esas crisis simuladas mediante el uso del pensamiento creativo.

La gran ventaja de simular ese tipo de situaciones es que pueden ser manejadas bajo control. Además, afrontar varias veces tales situaciones refuerza nuestra capacidad para manejar situaciones de estrés, lo que ayuda a lograr mejores resultados cuando estemos ante una crisis verdadera.

La vida siempre comienza con un paso fuera de tu zona de confort.

Shannon L. Alder

Cometer errores está bien

Aceptar la posibilidad de cometer errores, permitirte salir de tu zona de confort e incluso, de alguna manera, darles la bienvenida a los errores, es el único camino para el verdadero aprendizaje y el crecimiento. Esto no significa cometer errores de forma intencional, sino no impedir una respuesta espontánea ni evitar intentar nuevos caminos por miedo al fracaso. Esto es así para todos, en particular para los perfeccionistas que siempre pretenden ser perfectos y eluden las equivocaciones a cualquier precio. Muchos consideran que el concepto de aceptar los "errores" se contradice con el espíritu BuDo de "siempre dar lo mejor de ti, como si fuera tu última oportunidad". Sin embargo, nunca podrás dar lo mejor de ti si no aceptas tus equivocaciones. Te sentirás siempre inhibido, limitado a tu actual zona de confort, harás las cosas con demasiada cautela y no podrás entregar todo tu ser en lo que haces. Solo cuando aceptamos nuestros errores podemos adentrarnos en áreas desconocidas, fuera de lo habitual y conveniente.

Eso está directamente relacionanado con el concepto *Ho-Shin*, que puede describirse como "dar todo para permanecer pleno", lo que también podría parecer una contradicción, ya que en general se diría que para permanecer pleno debes dar poco, ser cauteloso, mantener tus opciones disponibles. Sin embargo, en las artes marciales y en la vida, al darlo todo, dejarlo ir y aceptar el error creamos un "espacio mental libre" que nos permite percibir o evaluar mejor la siguiente situación y responder de manera más eficiente al demostrar flexibilidad mental y la conciencia de estar "aquí y ahora".

Sensei Nishiyama solía decir: "Una vez que te dejas ir, solo Dios sabe si ganas o pierdes", "no te preocupes por los resultados". Es decir, una vez que se hacen todas las posibles consideraciones y se toma una decisión: deja ir, elimina todas las inhibiciones y disfruta el presente, por un momento deja de lado la multitarea y la intensidad constante que percibe nuestro cerebro.

De modo que, en realidad, se requiere aceptar el error para alcanzar ese estado mental de *Ho-Shin*.

Los errores son nuestra mejor oportunidad para crecer y desarrollarnos. Ellos nos permiten ser creativos.

Cometer errores te permite experimentar, ir más allá de tus límites y adentrarte en lo desconocido, salir de tu zona de confort, intentar cosas arriesgadas, para así ser libre de aplicar los principios básicos de infinitas formas, para encontrar lo que se adapte a tu cuerpo, a tu personalidad, en lugar de simplemente imitar a tus maestros.

En BuDo decimos que el sensei (maestro) es como una brújula que señala con el dedo la dirección correcta, pero es el alumno quien debe hacer el camino, experimentar, tropezarse, equivocarse y, si se desvía, nuevamente el maestro le señalará el camino correcto.

Si no aceptas tus errores, solo podrás responder a situaciones con las que estés familiarizado y a las que estés acostumbrado. Si una circunstancia no está dentro de tu experiencia, quedarás atrapado y vacilante. Si no aceptas los errores, siempre serás demasiado cauteloso y exigente, y no podrás comprometerte al cien por ciento. Sensei Nishiyama señaló que es común que los campeones se vuelvan más exigentes y estrictos, y eso es porque se espera que se desempeñen a cierto nivel y temen cometer errores o no lograr lo que ellos mismos o su entorno esperan de ellos. Su consejo para atletas competidores era: "No lo intentes tanto, solo disfrútalo y entrega lo mejor de ti". Olvida lo de ganar o perder, no te preocupes por el error y solo entonces puedes realmente dar lo mejor de ti.

Arriésgate, comete errores. Así es como se crece.
Mary Tyler Moore

❖ EYAL NIR

Recuerdo cuando competí en el campeonato europeo de 1992 en Lodz, Polonia. El año anterior había logrado ganar el tercer puesto en la categoría de combate libre, en el campeonato de Europa de 1991 organizado en Treviso, Italia. Llegué al campeonato de 1992 con el sentimiento de querer repetirlo y, posiblemente, superarme, por ser consciente de las grandes expectativas que había generado. Para resumir: perdí en la primera ronda, lo que inmediatamente terminó con todas mis esperanzas y expectativas de regresar de Polonia como campeón de la Eurocopa. Debía demostrar tanto que temía cometer un error, y entonces no fui lo bastante libre, espontáneo y receptivo.

Así que resultó que mi gran logro de 1991 generó mi temprano fracaso en 1992, ya que al tener demasiado que perder y proteger no me permití errores y, en consecuencia, perjudiqué mi rendimiento.

Existe una delgada pero clara línea entre ser irresponsable y no comprometerse a hacer todo lo posible para lograr tus objetivos, y dejarte llevar, una vez que se han hecho por completo los preparativos, y permitirte hacer lo que te haga bien sin las restricciones y limitaciones que impone el miedo a equivocarse.

Por mi parte, ofrezco conferencias, seminarios y presentaciones a nivel mundial de forma regular. Previamente dedico mucho tiempo a los preparativos, pero cuando estoy en el escenario trato de dejarme llevar y no pensar en qué pasaría si olvido algo, no respondo una pregunta o si me bloqueo. Al contrario, trato de disfrutar y conectarme con mi audiencia para atravesar el abismo mental y que mis mensajes lleguen y, con un poco de suerte, tengan un impacto real en las personas.

Te animamos a permitirte cometer errores para que puedas crecer, descubrir y conquistar nuevos terrenos.

***

La experiencia es simplemente el nombre que le damos a nuestros errores.

Oscar Wilde

***

Contemplar el panorama completo

En esta sección se proporciona otra herramienta funda-mental al emplear el concepto de "retroceder con la mirada": tomar el control de tu vida mediante el uso del increíble poder físico-mental del ser humano. El simple acto de retroceder con el pensamiento y, por ende, con la mirada para ver un panorama más amplio hace milagros en tu capacidad de manejar con éxito muchas situaciones de la vida real, a veces estresantes, como se explica a continuación.

Toda nuestra vida "nos acercamos y nos alejamos" de situaciones a medida que mentalmente retrocedemos para tener una visión general remota de las cosas o, a veces, nos involucramos completamente en actividades específicas y nos enfocamos en detalles relevantes. Lo hacemos de forma automática, de acuerdo con nuestra tendencia natural y según lo que dicten las circunstancias. Por ejemplo, al dar una conferencia frente a una sala repleta de personas, por lo general debo "alejarme" tratando de ser consciente de que debo interactuar con el grupo como un todo, pero cuando alguien hace una pregunta, debo enfocarme y concentrarme provisoriamente en esa persona. Sensei Nishiyama (el gran maestro de karate) solía dar el ejemplo de observar desde lejos una montaña repleta de árboles. "Retroceder con la mirada" en ese caso significa cambiar mentalmente a una conciencia absoluta, en lugar de solo concentrarse. Entonces, en lugar de limitar tu percepción al concentrarte en un árbol específico, debes "retroceder con la mirada" tanto de forma física como mental para ser consciente y percibir la esencia general de toda la montaña. El simple hecho de adoptar la postura de llevar la cabeza hacia atrás alineándola con tu columna vertebral, con la imagen de tener los ojos detrás de la cabeza, permite una visión general total de tu entorno, lo que resulta en una gran diferencia mental.

Antes de explicar cómo cambiar de modo entre concentración y conciencia, en cualquier momento de tu vida y según sea necesario, aclaremos aún más la diferencia entre ambas.

La concentración es la capacidad humana de enfocarnos en un factor en particular en un intento por comprender, analizar y responder de manera inteligente y efectiva. Concentrarse en una sola entidad implica el intento de "filtrar" otros factores, ya que se interpretan como una distracción para la tarea principal en la que quiero concentrarme. Nuestra dinámica vida, repleta de factores y estímulos, y la necesidad de concentrarnos y responder a cada uno de ellos en un tiempo limitado (breve), da lugar a la "multitarea", cuando nuestro cerebro se involucra en más de un asunto a la vez. Por ejemplo, si me concentro, doy lo mejor de mí para entender lo que el señor X me dice y responderle de manera adecuada; entonces, las palabras del señor Y que me habla al mismo tiempo serán consideradas por mi cerebro como una distracción e intentará de manera automática bloquearlo, porque interfiere en la tarea principal en la que me concentro. La multitarea es una capacidad humana única que nos permite realizar y lograr varias cosas al mismo tiempo. A veces es beneficioso, o incluso esencial, poder controlar nuestros "saltos mentales" y cambiar nuestra mente a otro modo de funcionamiento (conciencia absoluta).

Conciencia absoluta

Sucede cuando "abrimos nuestra lente mental" para percibir todo, sin resistirnos, filtrar o rechazar ninguna posibilidad. No centrarse en ningún detalle, ser consciente de todo. Así es, por ejemplo, como un presentador debe percibir una sala repleta de personas cuando brinda una conferencia: la mayoría de las veces no desea centrarse en ninguna persona específica, pero debe estar atento y vincularse con todas.

Ser capaz de emplear una conciencia absoluta es una habilidad esencial en las artes marciales, donde una respuesta bajo presión en tiempo real requiere conciencia en lugar de concentración en los detalles. La sabiduría BuDo, acumulada durante siglos de prueba y error, se respalda ahora en los resultados de investigaciones científicas que demuestran que existe una mejor y más rápida respuesta a situaciones externas cuando nos encontramos en el "modo consciente", ya que las diferentes partes de nuestro cerebro se ejecutan una vez que cambiamos del modo concentración a consciente.

Emplear "retroceder con la mirada" y cambiar al modo consciente ayuda a reducir nuestra carrera mental porque libera recursos mentales, lo que permite un juicio y respuesta mejores ante situaciones de estrés y bajo presión.

La habilidad que se debe adquirir es poder "cambiar de modo" de manera voluntaria, a veces alejándonos y no involucrándonos, y enfocándonos en detalles para dejar de lado nuestra carrera mental y la multitarea para poder:

- Contemplar el panorama completo.
- Ser consciente de otras opciones y alternativas.
- Obtener una nueva perspectiva.

- Despegarse emocionalmente de la situación para poder priorizar factores y opciones relevantes.
- Convertirse en una persona más sensible y, por ende, más receptiva.

En las negociaciones, por ejemplo:

A menudo sucede que las partes negociadoras parecen estar atrapadas en un determinado punto después de haber agotado todas las alternativas, parecen no encontrar una solución; el ambiente y la energía se tornan malos y sienten que cada vez son menores las posibilidades de éxito.

Este es un buen momento para "retroceder con la mirada", ya sea para pasar al siguiente tema, tomar un descanso o cualquier otra acción que te permita "restablecer tu cerebro" para luego poder rever el tema con nuevas ideas y con una perspectiva más amplia sobre todos los demás elementos que ya se habían acordado.

Pareciera que las cosas van mal cuando nos encontramos atrapados y pasamos horas sin avanzar en un punto específico (por ejemplo, el ítem 3 de un contrato a negociar). Sin embargo, si evitamos este ítem que nos genera dudas y lo retomamos luego de acordar los siguientes 40, es razonable suponer que desde esta perspectiva más amplia de "42 ítems ya acordados" el desacuerdo sobre el ítem 3 se vuelve menos crítico. Las posibilidades de encontrar una solución aumentan a medida que ambas partes se dan cuenta de que están de acuerdo en casi todo y que es ese único ítem el que dificulta el cierre de la negociación.

En resumen

La clave está en ser consciente de la situación y poder cambiar tu estado mental de forma proactiva para mejorar tu rendimiento al "retroceder con la mirada". Este pequeño y simple ajuste en tu postura y la posición de tu cabeza, junto con la imagen integral al "retroceder con la mirada", generan un cambio instantáneo en tu estado mental, tu percepción de la situación y, por lo tanto, tu capacidad para resolverla de manera efectiva. Intenta cambiar al "modo de conciencia absoluta", al "llevar la vista hacia atrás" cada vez que te sientas abrumado por detalles, atrapado en un momento específico y sin poder avanzar en un camino determinado. En consecuencia, cambiarás tu estado mental y tomarás conciencia del panorama completo, de nuevas opciones y alternativas creativas.

La vida y sus desafíos son tu campo de entrenamiento, así que practica todos los días cuando lo creas necesario y desarrolla esta simple pero efectiva habilidad.

Dualidad versus unidad

Existe una dualidad intrínseca en nuestra manera habitual de percibir las cosas. Hay un sujeto que observa y percibe un objeto. Ambos son distintos, individuales y poseen una existencia independiente: de ahí la dualidad. Este es nuestro "modo de percepción común": nos damos cuenta de algo e inmediatamente lo clasificamos en alguna categoría conocida, lo etiquetamos con algún título y lo observamos o interactuamos con él según un modo dual: el objeto percibido y yo.

Unidad. Por el contrario, implica objeto-sujeto "convirtiéndose en uno": ya no soy un observador, sino que formo parte de la realidad. El concepto de vacuidad en el budismo sugiere que todos los seres son interdependientes, con un flujo de influencia mutua y una falta del ser uno mismo de manera constante e independiente.

Por ejemplo, puedo referirme a la dualidad al decir "Yo veo la Luna", esto implica la separación y la existencia independiente de dos entidades: la Luna y yo. Sin embargo, cuando se logra la unidad, puedo decir la extraña expresión (gramaticalmente incorrecta) "Yo Luna", que implica la unidad entre la Luna y yo. Aquí es donde las palabras y los conceptos llegan a su fin, y debes experimentarlo para comprender.

En relación con nuestro tema "concentración versus conciencia", solo en el modo "conciencia integral" puede lograrse la unidad.

Perspectiva BuDo

Cuando enfrentamos a un oponente, intentamos convertirnos en uno con él para poder evaluar y anticipar su intención, así como también para influir en él y crear oportunidades de aplicar una estrategia efectiva. Esto puede representarse con la palabra japonesa *KumiTe*, que significa "manos integradas" (en el sentido de dos personas convirtiéndose en una). Para lograr dicha unidad debemos apreciar el término japonés *MuShin* que se traduce en "ausencia de pensamientos". En el contexto de nuestro análisis, esto se relaciona con evitar la percepción habitual basada en la dualidad donde observamos, categorizamos, calificamos y damos nuestra opinión en el momento de concentrarnos en determinada entidad. *MuShin* se relaciona con la "conciencia integral" al intentar pasar por alto todo lo anterior y simplemente percibirlo con una mente fresca, a medida que la realidad cambia de un momento a otro sin la habitual influencia de nuestras emociones, hábitos, condicionamientos y deseos. De esta manera, *MuShin* significa carecer de estos, por lo que *KumiTe* es posible cuando te conviertes en uno con tu oponente.

Estos son conceptos muy complejos que toman años en apreciarse y adquirirse. Sin embargo, puedes comenzar al "retroceder con la mirada", detener la multitarea que se basa en la concentración y la disociación, cambiar a una "conciencia integral" simplemente aprendiendo a permanecer sin hacer, estar aquí y ahora, y conectarse para convertirse en uno, como simboliza el concepto de *KumiTe*.

Falta de conocimiento

La falta de conocimiento, a veces manifestada como falta de profesionalismo, puede ser un factor decisivo en el retraso de resultados esperados. Si deseas ser un experto en tu ámbito profesional y sientes que aún no eres competente, intenta no frustrarte demasiado. Recuerda que, por lo general, solo es cuestión de repasar nuevamente el material, investigar y ser perseverante.

Todo lo nuevo que hagas, te llevará más tiempo la primera vez. La única manera de sintetizar el trabajo en un nuevo proyecto es adquirir más experiencia. Muy pronto descubrirás que el trabajo en el próximo proyecto será más breve y que aumentará tu productividad.

Por lo tanto, te sugerimos involucrarte en una serie de proyectos en los cuales adquieras conocimiento y habilidades relevantes, y que, gradualmente, te conviertas en una persona más eficiente al obtener mejores resultados con un menor esfuerzo y en un tiempo más breve.

Hoy en día, el conocimiento es muy accesible y puede obtenerse más fácil que nunca. Sin embargo, no puedes ser un experto en todas las áreas, por lo que a veces debes utilizar el servicio de un experto en la materia, en lugar de intentar aprenderlo todo tú mismo.

Capacidad de aprender

La capacidad de aprender nuevas cosas es muy importante para las personas que quieren crecer y tener éxito en la vida. Sin embargo, la falta de esta capacidad puede distraernos mucho y hacer que perdamos tiempo al permanecer en un lugar mientras el resto del mundo avanza.

Si tienes alguna dificultad o no te gusta aprender cosas nuevas en tu área, te recomendamos que superes esa reticencia y encuentres la manera de incorporar estudios con regularidad.

Además, si puedes concretar e identificar los elementos esenciales, imprescindibles para realizar las principales tareas de tu negocio, sin necesidad de depender de otros profesionales, te recomendamos que te enfoques solo en estos y adquieras los conocimientos pertinentes.

Por ejemplo, puede ser suficiente aprender algunas cosas de un programa de computación relevante para hacer el trabajo. Sin dudas, no es necesario aprender a utilizar el programa en su totalidad. Si te encuentras dispuesto a aprender de esta manera, puedes ahorrar tiempo y dinero, y lograr tus resultados esperados de manera más precisa.

❖ AMIT OFFIR

Ayudé a algunos escritores de libros infantiles a construir una carrera y progresar, les enseñé a dibujar utilizando mi especial técnica "*Drawing Easy*". Estos escritores ahorran mucho tiempo y dinero, ya que no necesitan contar con un ilustrador profesional para hacer el trabajo. Ellos no creían poder dibujar y, hoy en día, disfrutan más del proceso de creación de sus ilustraciones y le otorgan mayor valor porque son ellos quienes crean sus propios personajes y dibujos.

Existen diferentes maneras de aprender: hay personas que aprenden al observar, y otras al escuchar. Algunas pueden ser autodidactas con gran facilidad, mientras que otras prefieren aprender en una clase junto a otras personas o en privado, con un tutor o profesor, o con un consultor de negocios o un mentor. Encuentra la manera más sencilla de estudiar y adquirir conocimientos relevantes.

Te mostramos diferentes maneras de estudiar que podrían ayudarte para aprender e investigar sobre temas que te interesen y te ayuden a progresar, a medida que adquieres más conocimientos y habilidades.

- Educación formal.
- Cursos.
- Ayuda personalizada.
- Productos de información visual: películas.
- Productos de información: CD de audio.
- Libros o libros electrónicos.

No importa de qué manera elijas aprender, siempre y cuando avances por el camino del crecimiento personal, convirtiéndote en una persona más profesional y actualizándote en el competitivo y dinámico mundo de hoy en día.

Por último, recuerda el principio BuDo de aprender algunos principios básicos que puedan aplicarse de infinitas maneras. Trata de identificar y luego adquirir este conjunto relativamente pequeño de conocimientos relevantes para ti.

Habilidades sociales

Las habilidades sociales son muy importantes para una conducta efectiva. Si vives aislado de la sociedad humana, tales habilidades no tienen ningún significado. Sin embargo, para salir adelante en la vida y en los negocios a menudo dependemos de las personas que nos rodean.

Esas personas pueden ayudarnos a avanzar más rápidamente o impedirnos progresar con la misma facilidad. En gran medida también pueden afectar nuestros ingresos. Por ejemplo, la vendedora de la tienda de libros puede tanto recomendar tu libro como cualquier otro, y así afectar el éxito de tu producto. El cajero del banco puede acelerar o retrasar un trámite necesario para un préstamo, etcétera.

Este tipo de habilidades pueden ayudarte a lograr lo que quieres y a acelerar los procesos. Por otro lado, deficientes habilidades sociales pueden retrasar tu progreso.

Si te acercas a la vendedora de la tienda de libros y te presentas junto con tu libro, podrías pedirle que, si está de acuerdo, lo recomiende a sus clientes y así aumentar tus ventas en gran medida.

Una sonrisa y ser amable con la secretaria del banco puede marcar una diferencia. Por lo tanto, tu capacidad de influir en otros para lograr que te ayuden o colaboren contigo suele tener un impacto significativo en tu éxito.

Para motivar a la gente a colaborar contigo, sin tener un poder jerárquico (no eres su jefe) necesitas conectarte con ellos; posiblemente entender sus necesidades, su dolor, sus sueños y sus miedos para abrir de manera simbólica su puerta mental y tenerlos de tu lado, siendo solidarios y útiles.

Crecimiento y desarrollo personal

Una de las cosas que nos hace disfrutar tanto de nuestras vidas y negocios es el hecho de encontrarnos en constante crecimiento y desarrollo a nivel personal. Cada día aprendemos más y más, y nuestro desarrollo nos incentiva a seguir haciendo lo que amamos.

No siempre es fácil progresar. Existen días en los que se nos acaban las ideas y necesitamos de mucha creatividad. Sin embargo, cuando encontramos algo para continuar, sentimos que nos reinventamos, y ese sentimiento es irreemplazable.

Creemos que para ser el mejor en lo que haces, debes encontrarte en continuo crecimiento y desarrollo a nivel personal y profesional.

Crear una nueva realidad

❖ **A**MIT **O**FFIR

Hace años, cuando leí el libro *Retírate joven y rico* de la saga *Padre rico, padre pobre*, resalté con un marcador amarillo las partes que para mí eran las más importantes, para luego leerlas otra vez. En una de las páginas, el autor Robert T. Kiyosaki escribió algunas líneas sobre la "velocidad". Él decía que las personas que desean enriquecerse rápidamente necesitan saber cómo cambiar su realidad en poco tiempo. No dio más detalles sobre esa cuestión y, por alguna razón, no comprendí del todo lo que quería decir, así que no resalté esas partes en el libro. Años más tarde lo comprendí cuando hablé del tema en mis conferencias o en conversaciones con mis clientes.

Elijo creer que es esto lo que quiso decir:

Una de las cosas más difíciles en la vida es acostumbrarse a los cambios. Cuanto más lento sea el cambio, más fácil será para nosotros aceptarlo. ¿Qué sucede si queremos progresar más rápido? Esto requiere de un gran cambio en poco tiempo. A la mayoría de las personas les es difícil identificar el cambio en ellos mismos y, más aún, aceptarlo.

Siempre que deseo alcanzar el siguiente paso en mi progreso y crecimiento me doy cuenta de que necesito arriesgarlo todo. Uno de los avances en mi negocio fue cuando pasé de ser un experto local a un experto mundial en mi ámbito profesional. Inmediatamente después de que mis libros estuvieran en la lista de los *bestsellers* más vendidos en tres continentes, me di cuenta de que el "yo" que conocía había sido reemplazado por un nuevo "yo" completamente distinto. Sentía que seguía siendo el mismo "yo", pero para los que me rodeaban era alguien diferente. Sentía que para tener éxito y ocupar mi nuevo lugar, necesitaba proyectar seguridad y demostrar que tenía el control. La fama puede durar poco y no dar más de una oportunidad. Si no aprendo a manejarme de manera profesional, alguien más ocupará pronto mi lugar.

De repente me di cuenta de que ese era mi momento de fama. ¡Al fin! Luego de años de arduo trabajo pude disfrutar de los frutos del éxito. ¡Estaba sucediendo ahora mismo! Y no iba a perder esa oportunidad, ni siquiera por un minuto.

Ese día analicé la situación y me di cuenta de que necesitaba desarrollar mi nueva identidad lo antes posible y explicar quién era ahora, crear una imagen que se adaptara a la nueva realidad de mi vida e inculcarme esa nueva identidad.

La transición entre mi identidad y la nueva realidad adoptada transcurrió a través de cinco acciones:

1. Revisar el tipo de servicios que ofreces

Algunos de los servicios no serán relevantes. Decido concentrarme solo en actividades que conduzcan a grandes y significativos resultados. Ahora rechazaba a los clientes que acudían a mí por pequeños servicios y los remitía a mis compañeros que prestaban los mismos servicios; a cambio, me transferían una comisión. Tenía que encontrar un camino y hacerlo rápido para mis clientes más importantes, y no quería permitir que ningún factor se interpusiera en mi camino.

2. Actualizar los precios de tus servicios

Dado que mi posición cambió (aunque solo hace unos días), aumento los precios de mis conferencias para que coincidan con mi nuevo "yo". Ajusto los precios de acuerdo con el nuevo valor que proporciono a mi cliente. El precio debe ser razonable y compatible con un popular orador cuyos libros son *bestsellers* y ocupan el primer lugar en diferentes países. Un precio demasiado bajo sería percibido como poco serio.

3. Generar nuevas ofertas de precios

Mi primera llamada para comprar no tardó mucho en llegar. Era un cliente que me conocía hace años, y me pedía que asistiera a la escuela donde trabajaba para dar una charla. Lo puse al tanto sobre mi nueva posición gracias a mis libros y me elogió diciéndome que siempre le encantaron las cosas que hacía y que le gustaría mucho presentarme al director. Por supuesto que di la charla en la escuela y el precio les pareció muy justo. Además, estaban orgullosos de invitar a un autor de *bestsellers* a dar una charla en su escuela e invirtieron en publicitar mi presentación. Esa publicidad hizo que los estudiantes esperaran mi visita y me trataran como una celebridad. Cuando terminé mi ponencia, ¡firmé algunos autógrafos y disfruté cada minuto!

4. Redefinir quién eres

Cada negocio tiene dos tipos de clientes:

- Clientes que acuden a nosotros tras una recomendación.

  A esos clientes les mencioné mis cambios y las novedades acerca de mi posición, y con alegría y entusiasmo les expliqué que a pesar de mi crecimiento sería un honor ofrecerles tarifas reducidas. Les cobré un 25% más sobre mis precios anteriores. Respondieron con entusiasmo, se alegraron de poder invitarme y agradecieron que les hubiera reducido el precio, a pesar de haberles cobrado más que antes.

- Clientes que nos encuentran a través de buscadores al necesitar a alguien en esa área, y que no necesariamente nos conocen.

A tales clientes les conté en pocas palabras quién era y qué podía ofrecerles. A pesar de sentirse impresionados por mis logros y estar felices de conocerme, no todos buscaban a alguien tan exitoso y, a veces, les bastaba con un experto local que les diera una charla a un precio más bajo.

5. Encontrar y capacitar expertos locales

Al comprender que entre mis clientes también existe una demanda por servicios a un precio menor que el que cobro, tuve que buscar expertos locales y capacitarlos para trabajar con mi método de dibujo *"Easy Drawing"* para atenderlos con diferentes tarifas. De esa manera pude ayudar a esos clientes a recibir el mejor servicio, a hacerme visible a través de estos expertos locales y ayudarlos a crecer y desarrollarse en sus negocios. Además, pude ayudar a más personas a disfrutar y hacer uso de mis conocimientos.

Cuanto más identifiques las cosas que no son efectivas ni importantes para tu negocio sino que retrasan tu crecimiento, más rápido podrás progresar. La base de este principio es la denominada "Regla 80-20" del economista italiano Vilfredo Pareto que determinó que la distribución del esfuerzo y la producción de muchos fenómenos es según la relación 80-20. Lo que significa que el 80% de los resultados proviene del 20% del nuestros esfuerzos y viceversa; el 20% de nuestro esfuerzo creará el 80% del resultado.

Tu negocio es dinámico y cambia constantemente, por lo que también tú debes ser dinámico y saber en todo momento dónde se encuentra el 80% del negocio y dónde el 20%. Lo que podría ser efectivo para tu negocio en un determinado momento no necesariamente lo será en otro. Cuanto más te cuestiones esto, mejores resultados lograrás.

Parte VIII

Identificar tu camino al éxito

Las personas son diferentes y, por lo tanto, sus respectivas formas de progresar varían en consecuencia.

Esta parte debería ayudarte a identificar y enfocarte en el camino más adecuado para ti.

Aquí se incluyen las siguientes secciones:

- Vivir con pasión
- Organizar tus tiempos de trabajo
- Hacer cosas que te hagan sentir bien
- Descubrir tus intereses
- Rodearte de personas positivas

Vivir con pasión

❖ **Amit Offir**

Naturalmente, tenemos una mayor motivación para el éxito y crear cuando nos ocupamos de las cosas que disfrutamos, nos importan y por las que sentimos verdadera pasión. Para tomar el control de mi vida mediante decisiones correctas, que a su vez me harían sentir satisfecho y feliz, primero decidí elegir una línea de trabajo que me permitiera trabajar de manera efectiva desde cualquier lugar sin estar limitado a una sola ubicación, oficina o sitio de trabajo específico.

De esta manera, puedes decidir cuándo y dónde trabajar, y así decidir sobre tu vida. Como autónomo, opté por aumentar mi libertad al elegir desde dónde y cuándo trabajar.

Con este fin, resolví involucrarme en productos de información y contenido, ya que estos pueden crearse y promoverse desde cualquier lugar.

Para ser libre, he decidido dirigir un negocio que desarrolle contenidos y productos, y se apoye en muchos canales de venta para poder administrar una oficina móvil y trabajar desde cualquier parte del mundo.

En este mundo digital en el que vivimos, una simple conexión a Internet nos une con millones de personas de todo el mundo. Esto permite una gran reducción de precios de los elevados gastos generales. La gran ventaja es que puedes crear sistemas automáticos que trabajen por ti y no requieran de intervención humana en la cobranza y la entrega de bienes. Una vez que el sistema esté instalado, puedes comenzar a desarrollar el siguiente producto o expandir tus canales de venta. De esta manera me es posible trabajar desde casa, en un café o en un restaurante, e incluso en contacto con la naturaleza.

Para que mi jornada laboral sea más efectiva, lo único que necesito es desarrollar y organizar la información en mi cabeza y así ayudar y solucionar los problemas de diferentes individuos y satisfacer sus necesidades, y luego encontrar la manera de hacer llegar el producto a todas las personas para las cuales ha sido pensado.

Veamos algunos elementos que necesitarás para administrar una jornada laboral de manera megaefectiva cualquiera sea tu lugar de trabajo.

- Herramientas de escritura
- Papeles
- Computadora portátil
- Cámara digital
- Smartphone
- Grabadora
- Conexión a Internet

Puedes realizar la mayoría de las actividades más relevantes desde una computadora portátil o un celular. Con estos equipos es posible escribir, tomar fotos, grabar y, lo más importante, puedes conectarte a Internet.

Por lo tanto, si deseas crear una oficina móvil y trabajar desde cualquier parte del mundo, todo lo que necesitas es una computadora portátil o un smartphone. Por supuesto, necesitarás algunos otros elementos, como una máquina de fax, una fotocopiadora, etcétera. Sin embargo, la mayoría de las veces podrás trabajar con esos dos dispositivos. Esta manera sin dudas es la más económica, rápida, eficiente y efectiva de difundir tu información a la mayor cantidad de personas en todo el mundo.

Organizar tus tiempos de trabajo

Expertos y profesionales exitosos trabajan mucho y construyen su triunfo trabajando de manera gradual y continua. Nosotros también trabajamos muy duro para reinventarnos, mantenernos interesantes, originales y actualizados. A pesar de que el trabajo es mucho, somos nosotros quienes decidimos cuándo hacerlo y cuándo descansar. De esta manera, controlamos el negocio, y no al revés. Como expertos, nos comprometemos con nosotros mismos y con nuestros clientes, que desean recibir la información más actualizada y relevante en el área de nuestro conocimiento y confían en que nosotros investigaremos lo mejor posible para proporcionarles y resumirles la información para que ellos disfruten al utilizarla.

Para disfrutar del trabajo, debes ser lo suficientemente firme y saber cuándo relajarte e irte de vacaciones. De lo contrario, el trabajo y la responsabilidad te agotarán, y pronto te encontrarás cansado y frustrado.

Si descansas cuando lo necesitas, tendrás el control y dirigirás tu vida de manera responsable, disfrutarás de los frutos de tu éxito.

Hacer cosas que te hagan sentir bien

Muchas personas no definen sus actividades en función de esta premisa y se involucran en muchas actividades de las que realmente no quieren participar y no les resultan agradables.

Nos esforzamos por elegir involucrarnos en cosas que disfrutemos y que nos brinden alegría, tanto a nosotros como a los demás. Esto permite disfrutar del viaje y sentir que no todo se trata de trabajo. De esta manera, nuestro día está repleto de cosas buenas de la mañana a la noche.

Cuando comiences a hacer lo que te haga sentir bien, disfrutarás de tu trabajo y tendrás motivación suficiente para continuar y persistir. Naturalmente, darás mucho de ti mismo y les darás mayor valor a las personas. Tus clientes lo percibirán y disfrutarán de tu energía y tu entusiasmo. También apreciarán que des todo de ti, y este reconocimiento se verá reflejado en el aumento de tus ingresos y tu desarrollo.

Descubrir tus intereses

Uno de los principales motivos de distracción es la falta de interés por un trabajo o proyecto. Para tener éxito en cualquier tarea o proyecto que realices es importante poseer un interés personal, pasión o al menos disfrutarlo.

Si trabajas en un proyecto que no disfrutas, te será difícil realizarlo de manera correcta. Notarás dificultades al intentar avanzar, concentrarte y, por supuesto, finalizarlo.

Si tienes la posibilidad de elegir entre varios proyectos con parámetros similares, elige el que más te guste, el que te parezca más atractivo y te interese más.

En la falta de elección, cuando te encuentres "atrapado" en un proyecto que no te apasione, intenta encontrar algún interés de manera creativa.

Además, si tienes la posibilidad que otra persona haga las partes que te aburren, o si no puedes completar el trabajo tú solo, siempre habrá alguien que lo considere "la guinda del pastel".

Las personas o los dueños de negocios que sientan indiferencia por otras o por sus clientes tendrán grandes dificultades en ser efectivas y progresar en sus negocios. Cuando eres indiferente, no te encuentras motivado a crecer. Esto significa que el ritmo de tu progreso se desacelera al punto de detenerse por completo.

Para evitar la apatía debes encontrar tu "por qué", las razones de tus acciones y motivaciones.

Si encuentras razones que te convenzan de actuar y crear, será más fácil para ti avanzar y progresar.

Por experiencia sabemos que cuando hacemos cosas aburridas o que no nos interesan nos cuesta mucho trabajar y nos volvemos indiferentes. Por lo tanto, te recomendamos que encuentres un área y temas que sean de tu interés.

La pasión por tu trabajo es uno de los factores importantes para salir de la apatía y el cansancio que sientes. Encontrarás la pasión cuando trabajes en algo que te interese.

Rodearte de personas positivas

En la vida y en los negocios existen muchos obstáculos y dificultades en el camino hacia el éxito sobre los que no tenemos control. El único lugar donde tienes el control es tu entorno cercano, por lo que debes intentar reducir las dificultades tanto como sea posible. Por ejemplo, una familia que no apoye puede hacer que muchas personas pierdan la confianza y abandonen su sueño.

A pesar de que los familiares suelen intentar protegernos y sus acciones son bien intencionadas, el resultado en ocasiones puede variar. Como para la mayoría de las personas los cambios parecen una especie de amenaza, a menudo encontrarán excusas adecuadas para evitar que crezcas y cambies.

En cuanto a tus amigos, debes prestar atención para saber quiénes realmente lo son. ¿Te animan y apoyan, o intentan denigrarte haciendo que te sientas inútil y sin ciertas capacidades? Si percibes que alguno de tus amigos posee energías negativas, es cínico, escéptico y en general no es alguien que pueda ayudarte a progresar en la vida, mejor será encontrar otros amigos y construir un ambiente con gente que te apoye, y tengan valores y metas similares a las tuyas. En un ambiente así puedes pedir ayuda, aprender y crecer.

Con respecto a clientes y colegas, también puedes renunciar a ellos si no apoyan tu éxito. No necesitas clientes regulares que no aprecien tu servicio. No tiene sentido trabajar con colegas negativos o hacer negocios con personas escépticas que te generarán inquietud, socavarán tu confianza en ti mismo y te harán dudar de tu capacidad.

¡No! Debes cuidar de ti mismo y crear un ambiente de gente solidaria que te anime, a la que puedas pedir ayuda y con quien intercambies ideas para resolver los problemas y superar los obstáculos que surjan en el camino. En un entorno así, puedes disminuir tus errores y aumentar tus posibilidades de éxito.

Una excelente manera de buscar a las personas indicadas es identificar a las que te ayudarán a encontrar la manera de decir sí y no a las que siempre te digan no.

Sabemos que renunciar a amigos y colegas es difícil y, a veces, inimaginable, pero es importante saber cuándo se requiere tal compromiso para crecer y prosperar. Si el compromiso que estableces es el correcto, te sentirás libre y aliviado, poco después aparecerá el crecimiento.

❖ Amit Offir

Hace unos años oí algo que llamó mi atención y, desde entonces, vivo en consecuencia. Esta frase me ayuda a ser más efectivo, a aprender y crecer constantemente. La frase era: **"Si quieres volar con las águilas, deja de perder el tiempo con pavos".** Esta frase agudizó mi punto de vista y, desde ese momento, comencé a utilizarla. Empecé por atraer a más personas exitosas y me mantuve alejado de las que no podía aprender.

Rodearme de personas positivas y exitosas me permite aprender a sobresalir y prosperar. Si creas un entorno con ellas, descubrirás que piensan diferente del resto de las demás. Ponen en práctica y no solo hablan, piensan de manera creativa, se animan unos a otros en lugar de desanimarse, se ayudan mutuamente a crecer y siempre están felices de aprender unos de otros. ¡Este es el tipo de entorno que necesitas para crecer y progresar! Un ámbito positivo es un factor poderoso, y para crearlo debes mantenerte alejado de las personas negativas. Una de las cosas que hago para aplicar este principio es revisar con frecuencia la lista de contactos de mi teléfono y mi computadora, la naturaleza de mis conversaciones con todas y cada una de las personas con las que estoy en contacto a diario. A lo largo de los años he perfeccionado esta habilidad de identificar fácilmente a las personas negativas, los escépticos y los que no saben elogiar, animar, apoyar o escuchar, así que simplemente los elimino de la lista de contactos y de mi círculo de amigos. Es muy fácil integrar a esas personas en nuestras vidas, pero si aprendes a realizar este análisis de vez en cuando, agudizarás rápidamente este sentido para que tu proceso de "filtrado de amigos" se vuelva efectivo y más positivo. De esta manera, las personas positivas con las que deseas estar serán atraídas a tu vida.

Parte IX

Ser inteligente y creativo

Esta parte del libro proporciona ideas y herramientas para ser una persona más efectiva y exitosa en el entorno empresarial altamente competitivo del siglo XXI.

Esta parte incluye las siguientes secciones:

- Pensar fuera de la caja
- Nadar contra la corriente
- Creatividad, perseverancia y pensamiento flexible
- Aprender a potenciar las oportunidades

Pensar fuera de la caja

❖ **Amit Offir**

Utilizando el concepto descrito en esta sección, muchas veces pude convertir los problemas y obstáculos en ventajas, y potenciarlos para promocionarme en la vida o en los negocios.

Hace muchos años, en uno de mis primeros acuerdos comerciales, ordené 20.000 tarjetas de felicitación a una de las imprentas con las que trabajaba. Una mitad estaba destinada a uno de mis principales clientes. Después de varios días recibí el envío y me sorprendió ver que había un error de impresión. Todas las tarjetas estaban dañadas y no podía venderlas.

Resulta que debido a la falta de atención durante la producción, el dorso de las tarjetas estaba impreso en colores oscuros, y eran ilegibles. Un pequeño error por falta de atención hizo que la imprenta perdiera miles de dólares.

Cuando le mostré al dueño de la imprenta el error que habían cometido, estaba muy molesto y enojado consigo mismo por no haber prestado atención. Le pedí que no desechara las tarjetas defectuosas y que reimprimiera la invitación para poder enviársela a mi cliente. Al día siguiente, tomé las tarjetas buenas y algunas de las defectuosas y fui hasta mi cliente con un plan en mi cabeza que se me había ocurrido durante la noche. Después de una reunión de diez minutos, tenía otro pedido del cliente que accedió a pagarme las 20.000 tarjetas dañadas.

Probablemente te preguntes qué hice y qué le dije al cliente en esa reunión.

En primer lugar, le mostré el error cometido y le sugerí que podía comprar las 20.000 tarjetas defectuosas para utilizarlas como postales y ¡a un precio muy tentador! Como mencioné, el error estaba en el dorso de las tarjetas.

Cuando lo analicé, descubrí que, al cortar las tarjetas por la mitad, la parte del frente era completamente utilizable. Luego de cortarlo, el producto pasaría de ser una tarjeta de felicitación a una postal. Al sugerirle al cliente que aprovechase esa oportunidad y las comprara a un precio muy bajo, logré también convencerlo de ordenar otras 20.000 postales, lo que no estaba en sus planes. ¡Parecía muy feliz con el trato!

Cuando regresé a la imprenta, le dije al dueño que había encontrado una manera de vender el producto dañado. Solo debía cortarlas por la mitad (algo que le llevaría apenas unos pocos minutos). A cambio, le pagué el costo de los materiales. Él también estaba encantado.

Al pagarle a la imprenta su precio de producción, gané mucho más. Era tan económico que el beneficio de este acuerdo era mayor que el del acuerdo original.

De esta manera, ayudé a la imprenta a no perder miles de dólares, y ayudé a mi cliente a verlo como una oportunidad de comprar el producto con el cual ganaría mucho más en un futuro. Y también, por mi parte, gané el doble en comparación con el acuerdo original.

A lo largo de los años, he construido una buena reputación como empresario honesto y creativo, por lo que la gente quiere trabajar conmigo.

Este ejemplo es solo uno de los muchos en los que el pensamiento creativo me ayudó a tener éxito en situaciones en las que otros podrían fracasar.

Nadar contra la corriente

Nadar contra la corriente puede parecer una de las actividades menos efectivas que existen, ya que requiere mucho esfuerzo y ralentiza el progreso. Sin embargo, el uso de este principio te ayudará a cambiar tu vida por completo.

¿Alguna vez te has preguntado por qué actúas de tal manera? ¿Has notado que muchas de nuestras actividades las hacemos de forma automática, sin pensar, por costumbre? A menudo justificamos esa forma de actuar: "todo el mundo lo hace así" o "esa es la manera de hacerlo". Debes analizar si tus acciones son una buena decisión. Si consideras que todos van al trabajo a la misma hora y tu haces lo mismo día tras día, cuando en realidad estás perdiendo muchísimas horas al mes atrapado en el tránsito. ¿Has considerado qué pasaría si sales una hora antes o una hora más tarde?

¿Cómo cambiaría tu día?

¡Con solo implementar este pequeño cambio de rutina, recibirás de regalo un día laboral más por semana! Si utilizas este principio en tu vida ¡comenzarás también a ahorrar un montón de dinero! Aquí hay dos ejemplos más que ilustran este concepto:

Como debes saber, el precio de los vuelos es muy elevado durante la temporada alta, mientras que un mes antes o un mes después son más baratos. Además, durante ese tiempo vuelan menos personas, por lo que hay menos aglomeración de personas y menos ruido, el clima es similar al de la temporada alta, y podría enumerar muchas otras ventajas. También sabes que el precio de los vuelos de "último minuto" es menor. Esto sucede porque la mayoría de la gente no es espontánea y solo aquellos que pueden permitirse el lujo de serlo se ven beneficiados.

Mientras la mayoría de las personas están de vacaciones, tendrás más tiempo para desarrollar tus productos, escribir otro libro y hacer cosas para expandir tu negocio. Todo eso es posible porque hay menos llamadas telefónicas y distracciones, y también porque te encuentras más tranquilo. Muchas de estas ventajas deberían permitirte utilizar este tiempo para reorganizarte y desarrollar nuevos contenidos y productos. Con una planificación perfeccionada también es posible ganar más dinero porque existe menos competencia, ya que "todo el mundo está de vacaciones".

Además, si planificas sabiamente tus actividades, verás que cada línea de negocio tiene períodos más fuertes y más débiles. Si te animas a "jugar" con esos períodos, conocerás el momento indicado para actuar, evitarás los momentos más concurridos y siempre estarás en la cima.

❖ AMIT OFFIR

En lo personal, nos adaptamos a esos períodos y vendemos "productos para el regreso a la escuela" cerca del comienzo del año escolar, y rompecabezas y juegos de mesa más adentrado el invierno. Si un país tiene una crisis económica, siempre puedes enfocarte en otro país donde la economía esté en su apogeo. De esta manera, puedes crear un sistema independiente que te permitirá permanecer siempre en lugares donde exista lugar para los negocios y evitar geografías donde sus posibilidades de éxito sean casi nulas.

Los peces siempre nadan contra la corriente. Solo los peces muertos nadan a favor de la corriente.

Lord Robin

Creatividad, adaptación y pensamiento flexible

Otro elemento que puede ayudarte a no perder el tiempo y, de hecho, generar tiempo efectivo es la creatividad.

Uno de los factores que entorpece la conducta efectiva es el pensamiento obsesivo. Las personas que sufren de fijación mental tienen miedo, temen a los cambios y no pueden lidiar con ciertas modificaciones.

Cuanto más practiques pensar de manera creativa, más fácil te resultará acostumbrarte a las nuevas situaciones y al desarrollo constante del mundo y, en consecuencia, mejorarás tu flexibilidad mental.

Este libro proporciona múltiples ejemplos que demuestran cómo las habilidades mentales pueden ayudarte a identificar y crear oportunidades. Un mayor pensamiento creativo te dará ventaja frente a tu competencia y te permitirá diferenciarte de los demás.

El budismo nos enseña que en nuestro mundo todo es un flujo constante de cambios con mutua influencia en ciertos momentos. Aunque a veces no podamos percibir ese constante flujo, darnos cuenta de esta verdad fundamental puede ayudarnos a aceptar la naturaleza básica de las cosas, incluso a apreciar el cambio en vez de apegarnos a la inmovilidad y sufrir cuando existe una modificación. No tengas miedo al cambio, ya que es la naturaleza de nuestro mundo: aprende a fluir, a adaptarte y a disfrutar de la dinámica naturaleza de nuestro ser.

Aprender a potenciar oportunidades

Asumimos que has oído hablar del término "potenciar" aplicado en el contexto de diferentes negocios. Es una palabra común que utilizamos con mucha frecuencia y se encuentra en cada acción que hacemos y en cada negocio que creamos. Antes de emprender algo, pensamos en cómo podríamos lograr que el resultado de esa acción nos ayudara a alcanzar algo más importante. A lo largo de los años, hemos mejorado nuestra manera de pensar y, cuanto más practicamos, actuamos de manera más efectiva. Por ejemplo, si estás interesado en trabajar con un cliente grande en una cierta área, ve y hazle una oferta por un acuerdo que no pueda rechazar, incluso a una tarifa simbólica o a tu cargo. Ahora su nombre figura en la lista con el resto de tus clientes, algo que te ayudará a abrir la puerta a otros grandes clientes en el mismo ámbito.

Utiliza todos tus logros para abrir nuevas puertas. A veces es fácil conseguir algo en un ámbito, pero ese mismo logro puede ser considerado importante en otro ámbito que te gustaría conquistar.

Recuerda que lograr algo en un área (la publicación de un libro), puede influir en otra (ofrecer conferencias).

Analogía con BuDo

En situaciones de autodefensa, frente a un oponente físicamente superior, empleamos *Shikake-Waza* (estrategia de preparación) para crear una oportunidad (llamada *Qyo* en japonés) y aprovecharla de manera eficiente en el poco tiempo que existe. A menudo, estas oportunidades al principio son muy pequeñas e insuficientes, por lo que debemos potenciarlas por más pequeñas que sean, para así generar la siguiente. Es algo similar a abrir gradualmente una puerta haciendo que el espacio sea cada vez más grande hasta realmente poder pasar. Para la aplicación en la vida real, hay que tener en cuenta que el valor de una primera pequeña oportunidad podría perderse y desperdiciarse si no estás presente, con determinación y flexibilidad, para aprovecharla y así estar listo para una próxima oportunidad más importante hasta lograr tu objetivo final. El término *BuDo Zan-Shin* (conciencia total) es muy relevante en este contexto, ya que debes estar completamente presente cuando aparece una oportunidad para potenciarla y generar a su vez una nueva oportunidad aún mayor.

Parte X

Convertirse en una persona megaefectiva

Esta parte del libro incluye herramientas concretas para que apliques en tu vida y rutina diaria en tu camino hacia convertirte en una persona megaefectiva.

Incluye las siguientes secciones:

- Generar un día más por semana
- Multitarea
- Cómo reducir el tiempo
- Cómo prolongar el tiempo
- Aprovechar el tiempo perdido entre reuniones
- Potenciar el tiempo perdido cuando viajes
- Establecer tu autoridad y tu reputación
- Identificar las fortalezas
- Competencias y juegos

Generar un día más por semana

¿Cómo puedes generar al menos un día más por semana
para convertirte en alguien más efectivo?

Para convertirte en una persona megaefectiva, debes ser
consciente de los espacios de tiempo no utilizados a los que
denominamos "pérdidas de tiempo". La mayoría de las personas no son conscientes de dichos espacios, y no saben
cómo utilizarlos de manera eficiente.

Si quieres diferenciarte y posicionarte en primer lugar,
debes asimilar la información de este libro y aplicar sus conocimientos, a medida que conviertes esa información en
una habilidad adquirida. Cuanto más rápido lo hagas, más
rápido crecerás y dejarás atrás a tus competidores.

Es importante que identifiques tus propias pérdidas de
tiempo y las conviertas en tiempo manejado de manera inteligente y efectiva. Los espacios de tiempo desperdiciados
difieren de una persona a otra y nos afectan de manera dis-
tinta. En las siguientes secciones se proporcionan ejemplos
específicos y las correspondientes pautas para un manejo
efectivo.

Multitarea

Comencemos con una interesante analogía con una computadora. Bajo el control del sistema operativo, múltiples tareas (procesos o programas) cuentan cada una con un período de tiempo breve durante el cual pueden utilizar los recursos computacionales (como el CPU) para ejecutarse. Cuando finaliza el tiempo asignado a una tarea, se cambia por la siguiente tarea en línea, generalmente de manera cíclica. Esto se denomina tiempo compartido, ya que el tiempo se comparte entre las diversas tareas activas. Dado que eso ocurre muy rápido, a nosotros, como usuarios humanos, nos da la ilusión (a menos que algo no funcione bien) de que todas las tareas se ejecutan de forma simultánea, aunque en realidad se ejecutan en serie, una tras otra (a menos que el procesamiento paralelo sea posible mediante la ejecución de múltiples tareas al mismo tiempo pero en varios CPU).

Con frecuencia ejecutamos nuestras tareas humanas de manera similar, saltando de una a otra. Además, las tareas (humanas o en una computadora) pueden tener una prioridad asignada a su ejecución de acuerdo con su importancia, de modo que las tareas de mayor prioridad obtienen más tiempo de ejecución. Profundizando en esta analogía, introducimos la expresión "informática interrupción", que en términos humanos significa que ha ocurrido algo inesperado y posiblemente urgente que requiere atención o procesamiento inmediato, lo que afecta al proceso multitarea y da prioridad a la resolución de asuntos urgentes.

La capacidad de administrar múltiples tareas en simultáneo es una de las habilidades más efectivas. Cuantas más tareas puedas administrar de manera simultánea, más rápido podrás progresar.

'Todo proyecto tiene momentos "muertos" donde la responsabilidad pasa de nosotros hacia otra persona. Por ejemplo:

- El formulario necesita la firma de tu jefe.
- Esperas la aprobación del banco.
- Esperas un correo electrónico o fax para poder continuar hacia la siguiente etapa.
- Le entregaste un borrador al editor y esperas una respuesta.
- La computadora fue llevada a reparar.

Cuando llegas a un momento "muerto" significa que no tienes el control sobre la tarea en cuestión.

Cuanta más experiencia tengas en ejecutar muchas tareas en simultáneo, el tiempo de espera que se desperdicia, estará disponible para realizar tu próxima tarea.

Muchas personas trabajan en algunas tareas en forma simultánea. A menudo sucede que no pueden continuar con una tarea en curso, ya que se encuentra pausada por alguna razón fuera de su control. Muchos ni siquiera intentan trabajar en otra cosa para aumentar su productividad, simplemente esperan hasta que se elimine el obstáculo y así poder continuar.

Para ser efectivo y aumentar tu productividad, no esperes nada ni a nadie. ¡Actúa! De esa manera, puedes tener un mejor control sobre el ritmo de tu progreso. Piensa con creatividad: ¿qué otro producto puedes desarrollar durante ese tiempo?, ¿cómo podrías mejorar tu producto en curso? Así descubrirás que existen muchas cosas que podrías hacer durante esos períodos "muertos".

Cómo reducir el tiempo

No podemos cambiar el hecho de que el día tiene 24 horas, pero sí podemos modificar el ritmo de nuestro progreso durante ese tiempo.

Con el fin de mejorar el ritmo de tu progreso y ayudarte a aprovechar al máximo este libro, hemos decidido resumir y organizar para ti los principios más importantes que te ayudarán a alcanzar tus objetivos en un breve período de tiempo.

En nuestra opinión, lo más importante es nadar contra la corriente. Piensa en cómo se reduce el tiempo cuando las personas no se interponen en tu camino. Por ejemplo, al contrario de los consejos de la mayoría de las personas, podrías intentar realizar la mayor parte de las tareas tú mismo, en lugar de recurrir a ayuda profesional, proveedores externos y a delegar responsabilidades. Esto sugiere el concepto de VENTANILLA ÚNICA, que básicamente significa que tú realizas todas las etapas del principio al fin.

Esto te ahorrará mucho tiempo en explicaciones, en capacitación y en reparar el trabajo insatisfactorio de otros, así como también en desperdiciar otros recursos. Siempre es aconsejable hacer un análisis cuidadoso y sabio antes de decidir cuándo delegar responsabilidades y cuándo hacerlo tú mismo.

Comienza por pensar y planificar. No hagas nada antes de pensar y planificar cada detalle. En estas etapas, céntrate en la precisión. Esfuérzate en evitar hacer algo que sea innecesario para el proyecto.

Intenta elegir un proyecto que se repita y requiera las mismas acciones una y otra vez como una línea de montaje. De esta manera podrás mejorar tu rendimiento y velocidad. Repetir las mismas acciones te ayudará a obtener el control, por lo que gracias a la práctica con el tiempo el proceso se volverá más fácil.

Ahora que has completado todo el proceso con éxito, puedes reducir el tiempo de ejecución de un próximo proyecto similar al capacitar a otros para que hagan el trabajo. Esto será posible una vez que tú mismo hayas dominado bien el proceso y lo estructures de manera tal que permita que otras personas (previamente entrenadas) lo realicen de la misma manera.

Cuanto más efectivo sea el proceso de aprendizaje, mejores resultados obtendrás de tus empleados, y así reducirás el tiempo total del proyecto.

Cómo prolongar el tiempo

En general, reducimos el tiempo necesario para completar una tarea si aumentamos nuestro "tiempo efectivo"; es decir, aquel en que nos desempeñamos al máximo. Podemos lograr lo anterior al potenciar y transformar el "tiempo muerto" en "tiempo efectivo", y al evitar las "pérdidas de tiempo" que constantemente nos distraen y ralentizan nuestro ritmo de progreso.

A continuación analizaremos algunos de los mejores métodos para prolongar tu tiempo efectivo.

El punto clave es pensar y planificar el futuro. Cada individuo posee una rutina y una conducta diferentes, pero la mayoría posee una rutina predecible que es posible planificar con anticipación y así prolongar nuestro tiempo efectivo.

Primero identifica tus "tiempos muertos", como por ejemplo, encontrarte atrapado en el tránsito, esperar que comience una reunión, esperar en la fila en diferentes lugares, etcétera.

Después intenta comprender qué es exactamente lo que necesitas y cómo se pueden potenciar esos "tiempos muertos" para aprovecharlos al máximo.

Estos son algunos ejemplos de las posibles soluciones:

Si no posees suficiente tiempo para estudiar, puedes buscar materiales que puedas escuchar mientras haces otras cosas como: conducir, esperar una reunión, hacer ejercicio, lavar los platos, ir de compras, etcétera.

Si careces de tiempo para pensar y escribir tus ideas, puedes grabarlas mientras haces otras cosas, como conducir, caminar, esperar reuniones, etcétera.

Tal como mencionamos, debes intentar encontrar un proyecto que te apasione, ya que cuando actuamos con verdadera pasión e interés no lo sentimos como un esfuerzo. De esta manera, podemos dedicar más tiempo y potenciar el "tiempo muerto" en tiempo productivo.

Otro factor que te ayudará a prolongar el tiempo y producir mejores resultados es encontrarte en tu mejor momento cuando comiences un nuevo proyecto. Este punto posee muchos aspectos a tener en cuenta: llevar una apropiada nutrición, dormir bien, beber lo suficiente, limpiar las toxinas del cuerpo, vestirse adecuadamente, estar de buen humor, adoptar una actitud positiva, tener determinación y una fuerte voluntad de progresar.

Otro elemento muy importante es la precisión. Para prolongar el tiempo y así producir resultados efectivos, debes reducir el tiempo dedicado a cosas insignificantes y maximizar el tiempo para las tareas importantes. Por lo tanto, si quieres aumentar el tiempo y aprovechar los "momentos muertos", comprueba constantemente si lo que haces es importante o no, si te ayuda a conseguir algún resultado o es una pérdida de tu valioso tiempo.

Aprovechar el tiempo perdido entre reuniones

¿Cuántas veces te ha pasado que una reunión se atrasara, estaba planificada para una determinada hora y comenzó unos minutos, media hora o incluso un día más tarde?

Esto suele suceder por diversos motivos:

- La persona con la que debías reunirte quedó atrapada en el tránsito.
- Llegaste a tiempo para la reunión, pero la programación se extiende y esperas un largo rato.
- No has fijado una cita ni una reunión y hay personas delante de ti que deben ser atendidas primero.
- Hay un problema con tu automóvil o con tu teléfono celular y debes esperar en el taller o con el técnico.
- Te encuentras en la fila del supermercado a la espera de tu turno para pagar.
- Llegas al aeropuerto pero tu vuelo está demorado unas horas, o incluso un día entero.
- Trabajas con culturas extranjeras para las que no cumplir con los horarios de reunión programados es aceptable o incluso la norma.

¡La razón realmente no importa! Sin intención, se creó para ti un "agujero en el tiempo". Ahora te encuentras retrasado y, si no te preparas de antemano y actúas con lógica, estás perdiendo el tiempo. En estas situaciones, la mayoría de las personas actuarán de manera ineficiente, por ejemplo:

- Tomarte un café.
- Leer el periódico.
- Escuchar música.
- Llamar a una persona solo para pasar el tiempo.
- Jugar juegos en el teléfono celular.
- Gastar dinero en cosas que no necesitas.
- Mirar un punto fijo o la televisión buscando una forma de pasar el tiempo.

❖ AMIT OFFIR

Dicen que la vida es aquello que sucede mientras estamos ocupados haciendo otros planes. A lo largo de los años he aprendido a no confiar en el reloj y, desde luego, tampoco en la palabra de otras personas. Debido a que la vida a menudo toma un camino inesperado, trato siempre de estar listo para cualquier cosa que pueda salir mal y altere el plan original. Entonces aprendí que es importante llegar a una reunión preparado con un plan y recursos, como papeles, computadora portátil, auriculares, cámara de fotos, batería, cargadores para los diferentes dispositivos y cable para transferir la información de un dispositivo a otro. Con estos recursos siempre puedo abrir mi oficina, trabajar en cualquier lugar y aprovechar al máximo mi jornada laboral. Incluso si eres un empleado, puedes progresar en tu trabajo en estas situaciones y ahorrar tiempo en la oficina, o trabajar en cosas personales que quieras desarrollar simultáneamente con tu trabajo. Es importante señalar que antes de salir de casa elijo llevar solo las cosas que necesito y no llevar un bolso tan grande y pesado. Por lo general, cargo con mi computadora portátil o incluso solo con mi teléfono celular, un cargador y bolígrafos. Existen muchas tareas que puedo hacer simplemente con pocas cosas. Aquí hay algunas sugerencias para una conducta efectiva en tales situaciones:

- Piensa sobre los temas de los libros que desees escribir en un futuro próximo, crea un índice, el esquema del libro o hasta incluso el contenido en sí.

- Graba en tu teléfono celular ideas para crear tu próximo producto de información.
- Encuentra una manera de perfeccionar tu área de conocimiento, por ejemplo:
- Si eres pintor: pinta a las personas que te rodean.
- Si eres profesor: revisa y prepárate para tu próxima clase. Con unos simples auriculares puedes escuchar entrevistas que te interesen y estén relacionadas con tu área de conocimiento; por ejemplo, mientras esperas una reunión, caminas, comes o incluso viajas.
- Si eres fotógrafo: toma fotografías de lo que te rodea.
- Cualquiera sea tu profesión: puedes leer artículos en Internet sobre las últimas novedades en tu área. Puedes incorporar este conocimiento en tu próxima discusión de trabajo, algo que aumentará tu credibilidad como experto que está al tanto de las novedades de su área. También planifica tus próximos pasos en el proyecto en el que trabajas o en el que planeas comenzar. Verifica todas las variables e intenta alcanzar la máxima precisión en la creación de un proyecto más efectivo. Expone sus ventajas y desventajas y compruébalas con la prueba de efectividad.
- Comprueba si hay algo que retrasa el proyecto y, de haberlo, si quitarlo del resto de los elementos puede afectar al proyecto. Si así fuera, elimínalo de la lista. El objetivo es lograr el máximo rendimiento en el menor tiempo posible y difundir tu información a la mayor cantidad de personas. Toda acción que no cumpla con esta definición debe volver a examinarse, y eliminarse, si fuera necesario.

En aras del equilibrio y la integridad, nos gustaría aclarar que, si bien lo anterior se enfoca en el HACER más efectivo, es importante aprender cómo, a veces y a voluntad, dejar de hacer todo y simplemente SER. Esos breves períodos de tiempo de espera cuando intentas detener toda carrera mental, planificar, resolver… Hacerlo sirve para recargarte o repostar para que, a continuación, puedas volver a promover tus objetivos de manera más efectiva.

Potenciar el tiempo perdido cuando viajo

Para muchas personas, viajar es parte de su rutina. Si tardas media hora en ir y volver del trabajo en autobús todos los días, estás hablando de cinco horas de trabajo por semana, sin incluir el tiempo de espera del autobús y la caminata hasta tu lugar de trabajo.

Si combinas todos los elementos y aprendes cómo transformar el "tiempo muerto" en tiempo de trabajo efectivo, obtendrás más horas laborales por semana.

Incluso si conduces al trabajo, estás perdiendo mucho tiempo que debes aprovechar convirtiendo el tiempo perdido en tiempo sabiamente invertido.

Cuando calcules cuánto tiempo pierdes durante la semana, ten en cuenta los viajes adicionales que realizas y trata de encontrar formas de aprovechar esos tiempos para trabajar de manera efectiva. Por ejemplo, si esperas 10 minutos cuando vas a recoger a tus hijos por la escuela, calcula ese tiempo acumulado durante toda la semana y utilízalo para crear una hora extra de trabajo productivo.

Si vuelas con regularidad, puedes aprovechar los largos tiempos de espera en el aeropuerto y las interminables horas de vuelo.

Planificar y pensar con anticipación, asegurarte de estar equipado con bolígrafos, computadora portátil y auriculares, tener conectividad a Internet y también aprovechar el tiempo para escribir información sobre tus productos... todo eso puede ayudarte durante tus viajes.

Por ejemplo, hablar y escuchar son acciones que puedes realizar sin interrupciones mientras conduces. Puedes practicar hablar frente a una audiencia o escuchar una entrevista interesante mientras conduces (siempre que no te distraiga o ponga en riesgo tu seguridad). Para esto puede servirte escuchar entrevistas pregrabadas sobre muchos temas.

Piensa también en la oportunidad de grabar algo que la gente pueda escuchar mientras conduce, hace ejercicio o simplemente se recuesta en la playa. De esta manera, puedes utilizar tu tiempo mientras conduces para crear un producto que funcione para ti y a la vez te permita ganar dinero. Las ganancias que puedes obtener al crear un producto de información de este tipo pueden ser mayores que tu gasto en gasolina durante el viaje en que lo creas. Piensa en tu automóvil como si fuera una oficina portátil. Además, puedes detallarle los gastos de gasolina, reparaciones y mantenimiento a tu contador. De todas maneras, esos son gastos ya reconocidos.

Establecer tu autoridad y tu reputación

A lo largo de tu camino hacia un desarrollo personal y comercial, es importante que establezcas tu autoridad y adquieras reputación en tu área.

Ya seas un empleado de una empresa o un autónomo, propietario de un negocio o un profesional independiente, tu nombre puede ser tanto tu mayor recurso como tu mayor obstáculo en tu camino hacia el éxito. El nombre de un hombre y su palabra son cosas preciadas que deben construirse con cuidado y conservarlas.

El mundo está repleto de historias sobre personas cuyos nombres fueron manchados y, en consecuencia, todo lo que habían construido durante muchos años fue destruido y se perdió.

Una vez rota la confianza es muy difícil restaurarla y, a menudo, basta un solo desliz para destruir años de arduo trabajo. Por otro lado, la mayoría de las personas no son conscientes del enorme poder de la reputación, y no se molestan en construir y promover su nombre. Si bien la mayoría de los propietarios de negocios o expertos autónomos en su área suelen ser conscientes de la importancia de invertir en construir una reputación, muchos empleados no comprenden la importancia de establecer su calidad de expertos en su sector en la organización. A las personas exitosas que crecieron dentro de una organización y pudieron obtener una buena reputación, les resulta mucho más fácil integrarse en otra empresa o comenzar su propio negocio al contar con una sólida reputación. Por eso los directores ejecutivos y funcionarios de empresas de alto nivel realizan esfuerzos por asistir personalmente a los eventos, hacer declaraciones, dar entrevistas y representar a su empresa. Lo hacen porque así es como construyen su propio nombre y su reputación, su autoridad y su valor, y así, al momento de abandonar la empresa, pueden potenciar su sólida reputación en su camino hacia su próximo puesto o proyecto, para abrir un nuevo negocio o ser elegidos para un cargo público. Si deseas salir adelante en la vida, intenta construir y colocar tu nombre en áreas y círculos relevantes. Para lograrlo, siempre brinda más de lo que prometes, mantén tu palabra, sé profesional, no hagas trampas y nunca mientas. Recuerda que una sola acción es suficiente para que te perciban como una persona no creíble, y así destruir tu buen nombre y reputación de años de intenso trabajo. Recuperar tu reputación puede llevar mucho tiempo y esfuerzo.

Identificar las fortalezas

La capacidad de **identificar con rapidez a personas competentes** y reclutarlas para formar parte de tu éxito de acuerdo con sus fortalezas es una habilidad que no muchos poseen y, una vez adquirida, te permitirá construir equipos ganadores y, a su vez, manejarlos de manera megaefectiva.

Para identificar oportunidades debes aprender a reconocer las fortalezas de los individuos, negocios y diferentes situaciones de la vida. Esta es una habilidad que se adquiere y, a medida que la mejores, te volverás más sensible, agudizarás tus sentidos y comprenderás mejor cómo las cosas pueden ser útiles y cómo puedes utilizarlas para tu beneficio, el de tus clientes y el de las personas que te rodean.

A continuación, mencionamos algunas herramientas que te ayudarán a comprender cómo utilizar en la vida diaria esa capacidad.

- Cuando pienses en establecer una colaboración con individuos u organizaciones, debes analizarlo con claridad y definir tus fortalezas actuales, las ventajas y el valor agregado que puedes aportar a la colaboración o asociación propuesta.
- Descubre y define lo que es único en tu oferta y en qué se diferencia de las demás.
- Identifica con claridad las razones para establecer dicha colaboración. Una vez que estés convencido

de que esas razones son sólidas y de cómo te beneficiarás, elimina cualquier duda y actúa con determinación para hacerlo. Si estás buscando un empleado o un trabajo, intenta averiguar qué es exactamente lo que tienes para ofrecer, en qué te diferencias de los demás, y resalta tus fortalezas y ventajas más relevantes para lograr tus objetivos y destacarte por encima del resto.

- Si hay varias personas en una reunión, intenta percibir la situación y averiguar quién es responsable de qué y cuáles son los intereses de cada uno de ellos. Si lo haces, aumentarás las posibilidades de que la reunión tenga un resultado satisfactorio y alcanzarás tus objetivos.

❖ AMIT OFFIR

Cuando quiero contratar a alguien para promover mi marca o un proyecto, o cuando quiero vender mis servicios a un potencial cliente, siempre intento observar la situación desde diferentes perspectivas.

1. Primero verifico personalmente que sea lo que necesito y me aseguro de no elegirlo por razones que no sirvan para mis objetivos reales.
2. Después analizo las cosas desde la perspectiva opuesta e intento comprender qué lo guía e impulsa, qué necesita y cómo puedo ser de utilidad para él.
3. Una vez que soy consciente del panorama general, hago una oferta difícil de rechazar. En resumen: tomo el control de la situación y aumento mis probabilidades de tener éxito.

Si puedes percibir con claridad la situación, es probable que obtengas lo que deseas y puedas resolver sabiamente cualquier situación para lograr tus objetivos establecidos.

Competencias y juegos

Crear juegos y competencias en el lugar de trabajo puede sacar lo mejor de nosotros, aumentar nuestra motivación y crear un sentido de pertenencia. Trabajar en grupo puede, con frecuencia, producir mejores resultados.

Intenta incorporar juegos y competencias a tu jornada laboral. Pueden estar relacionados con tus clientes, el tamaño del pedido y la velocidad con que trabajas. Siempre que extiendas tus límites y des lo mejor de ti, las reglas creadas para el juego serán lo menos importante.

Perspectiva BuDo

❖ **EYAL NIR**

Una actividad que a menudo co durante mis seminarios de BuDo-Way es hacer una competencia de *kata* por equipos entre los empleados que participan. El objetivo es potenciar el trabajo en equipo, la cooperación, la solidaridad y la conciencia mutua. En pocas palabras, así es como funciona: para comenzar, todos ejecutaremos parte de un *kata* (secuencia de movimientos, cada uno con un propósito o significado de autodefensa) unas cuantas veces hasta que todos recuerden la básica secuencia de movimientos (sin necesidad de un rendimiento técnico de calidad, ya que ese no es el fin o el objetivo). A continuación, todo el equipo se divide en pequeños grupos y se les asigna un tiempo para que cada uno ensaye la ejecución conjunta del *kata*, insistiendo en la sincronización entre todos los miembros del equipo. En última instancia todos deberían moverse como uno solo. Se asigna un panel de jueces y los grupos realizan su *kata* por equipo uno tras otro, y obtienen una puntuación por parte de los jueces. La sincronización entre los miembros del equipo es el criterio principal para tener la puntuación más alta. Entonces, mientras intenta ejecutar el *kata* de la mejor manera, cada individuo se da cuenta de que el éxito depende del trabajo en equipo. Según mi experiencia, este juego de competencia es bien recibido por la mayoría de las personas. Ellas se divierten mucho mientras aprenden a ser conscientes y a convertirse en uno con los demás miembros del equipo, en lugar de tener un enfoque individualista de no "percibir" al otro, lo que, en el caso del *kata* por equipo, resultaría en movimientos desincronizados entre los componentes del equipo.

Parte XI

Ser un profesional

Para convertirte en una persona megaefectiva y, al mismo tiempo, establecer tu autoridad y tu reputación, necesitas, sin duda, convertirte en un profesional en tu área.

Aquí encontrarás muchas pautas e instrucciones claras que debes seguir para llegar a ser un profesional.

Esta parte incluye las siguientes secciones:

- Priorizar tareas
- Perfeccionismo
- Consultar con personas que no tuvieron éxito
- Dejar las culpas de lado, y asumir la responsabilidad
- Adquirir velocidad
- Perseverancia y paciencia
- Ser imprudente
- Falta de experiencia

Priorizar tareas

Definimos las tareas fundamentales como las acciones de gran importancia para la promoción de un proyecto o acuerdo, mientras que las tareas urgentes son las que requieren nuestra atención inmediata.

Es recomendable dividir las tareas de cada proyecto en cuatro tipos. De esta manera, haces que la carga de trabajo sea más manejable y eficiente, al priorizar las distintas tareas según su respectiva importancia.

Las tareas deben priorizarse de acuerdo con los siguientes criterios:

- Urgente e importante.
- Importante pero no urgente.
- Urgente pero no importante.
- Ni urgente ni importante.

Para determinar la importancia o urgencia de cierta tarea, aquí hay algunas preguntas que debes hacerte para establecer sabiamente la prioridad de todas las tareas pendientes:

- ¿Qué obtendrás al ejecutar esta tarea? Se recomienda comparar el valor obtenido en relación con otras tareas y calificarla en consecuencia.

- ¿Cuánto tiempo me llevará realizar esta tarea? ¿Vale la pena emplear ese tiempo?
- ¿Realizar esta tarea hace que pierdas la concentración en el proyecto en el que trabajas actualmente?
- ¿Se puede retrasar o posponer esta tarea?
- ¿Puede alguien hacer esta tarea por ti? Si es así, ¿cuáles serían las consecuencias?

Ten en cuenta que una tarea urgente puede volverse no urgente según tu criterio ante circunstancias que pueden variar.

Muchas personas confunden eficiencia con efectividad. Puedes realizar una tarea de manera eficiente basándote en la habilidad, el ahorro de tiempo, esfuerzo y energía. Sin embargo, estas acciones no conducen a ninguna parte, por lo tanto, no son efectivas. Es importante que seas consciente de hacia dónde te lleva cada acción que realizas y analices si te acerca a las metas deseadas que has fijado. En otras palabras: no pierdas de vista el bosque (panorama completo, objetivos generales) por los árboles (muchos detalles involucrados en cada tarea individual).

Perfeccionismo

❖ Amit Offir

Muchas personas que comienzan a escribir un libro o tienen una idea para un producto me dicen que necesitan un poco más de trabajo para que sea perfecto. Cuando les pregunto cuánto tiempo llevan trabajando en eso, ni una sola vez me sorprenden sus respuestas.

Uno, dos o tres años es en general la respuesta de la mayoría de ellos. "¿Y cuánto tiempo tardarás en terminar la tarea y en publicar el libro/producto?" Para esa pregunta, no tienen respuesta. Muchos responden: "Cuando esté listo".

En lo personal, tomo un enfoque diferente. Sin sacar las cosas de su contexto, quiero producir un producto que pueda ayudar a la gente hoy, aunque no sea perfecto, en lugar de esperar un año y, durante ese tiempo, no permitir que las personas le saquen provecho.

No significa que debas apresurarte a lanzar el producto o comprometer su calidad. Sin embargo, la atención debe centrarse en completar el proceso. Sin duda alguna, el producto terminado, su calidad y el valor que ofrece a sus usuarios debe ser el mejor, pero también es importante que esté disponible cuando se necesita, y hay muchos que parecen no entender este concepto.

Una forma de trabajar de manera efectiva en este sentido es percibir las cosas de acuerdo con la ley de Pareto antes mencionada. Verifica si las razones para retrasar la finalización de una tarea son importantes y necesarias o si más adelante podrías completar todos estos pequeños detalles.

Para mí es importante señalar que nunca lanzaría un producto si creo que no está a la altura del cliente o que es peligroso que no se complete. Esto con respecto a cuestiones de seguridad, estándares, diversas aprobaciones, etcétera.

Aquí hay algunos puntos a considerar en relación con este tema:

En muchos casos, puedes producir un producto y mejorarlo con el tiempo.

Normalmente, el cliente no percibe los matices que para ti son fundamentales. Te encuentras demasiado aferrado al producto y no eres objetivo. En algunos casos, podrías "tratar" a tus clientes con una versión actualizada del producto cuando tengas más tiempo, siempre y cuando esté disponible.

La mayoría de los perfeccionistas no pueden completar la tarea, entonces su producto no sale al mercado. Si el producto está destinado a servir y ayudar a las personas, ¡no les impidas utilizarlo y disfrutar de su genialidad! ¡Tú puedes cambiar sus vidas!

Debido a una excesiva inversión en el producto, es posible que en algún momento descubras que no es rentable y no satisface tus expectativas.

Conclusión:
"nada se compara con un producto perfecto".

Consultar con personas que no tuvieron éxito

Uno de los errores más grandes que las personas cometen cuando quieren progresar es pedir consejos a las personas equivocadas. Por lo general, se trata de personas cercanas, por lo que su capacidad de influir es significativa. Estas personas no siempre dan buenos consejos, ya que pueden carecer de experiencia relevante. Por ejemplo, si deseas obtener un consejo sobre la compra de una propiedad, lo primero que puedes hacer es consultar a un familiar o alguien cercano a ti. Si la persona a la que consultas no posee ninguna propiedad o nunca compró una, no puede ofrecerte consejos útiles, aunque sí puede darte su opinión. Para recibir un buen consejo debes preguntarle a alguien que ya haya hecho lo que planeas hacer, preferiblemente con un resultado exitoso (aunque también es posible aprender de los fracasos de otros, e incluso es recomendable).

Uno de los problemas más comunes en las personas es que te darán "consejos" aunque no tengan experiencia relevante y no sepan nada al respecto. Debido a su proximidad, su opinión es importante para ti y podría distraerte de lo que realmente necesitas. Evalúa con atención y decide sabiamente cómo manejar tales opiniones y consejos.

Dejar las culpas de lado,
y asumir la responsabilidad

Muchas personas no asumen la responsabilidad de sus acciones, y siempre intentan encontrar a alguien a quien culpar por sus fracasos. Si utilizas con frecuencia expresiones tales como "el mercado está inactivo ahora", "es fin de mes y nadie consume", es hora de asumir la responsabilidad de tu vida. Acusar constantemente a otras personas o circunstancias por decisiones que tomas es una forma de alejarte de la efectividad.

No asumir la responsabilidad significa ceder el control, lo que a su vez coloca fuera de nuestro alcance a las oportunidades. Aquí hay algunos ejemplos que te ayudarán a tomar el control e identificar oportunidades, precisamente donde la mayoría de las personas fracasan:

Si un determinado mercado es débil en la actualidad, busca un área o sector donde el mercado sea fuerte, y aprende a cambiar según sea necesario mediante la flexibilidad y la adaptación.

Si existe mucha competencia por tu producto o servicio, aprende a producir uno nuevo y único, o encuentra una forma creativa de diferenciar tu oferta de la de la competencia.

Si la economía de tu país está en recesión, intenta crear fuentes de ingresos adicionales, centrándote en países o regiones con economías más fuertes.

Independientemente de lo que decidas hacer, intenta tomar el control de tu vida. Es importante minimizar el efecto de factores externos a ti. Esfuérzate por crear las condiciones que te permitan vivir de la manera que desees siendo proactivo, tomando medidas e iniciativas. Tomar el control es la clave del éxito. Si permites que las excusas y los miedos te controlen, nunca podrás tomar el control e identificar las oportunidades, incluso cuando estén justo frente a ti.

Budismo: perspectiva filosófica

El budismo nos enseña a asumir la responsabilidad de todo lo que experimentamos. A veces es difícil comprenderlo o aceptarlo, ya que señalamos a todo nuestro mundo externo como culpables de nuestro descontento: él no cumplió con su promesa, ella no me respeta, no recordaron nuestra reunión, el presidente es..., el gobierno está... Y así sucesivamente. Sin embargo, el budismo dice que todas esas cosas son nuestras propias proyecciones impuestas por el *karma*. Con independencia de que seas o no budista, te animamos a que busques de forma proactiva maneras y cosas que puedas hacer para mejorar cualquier situación, en lugar de culpar a los demás y ponerte en el papel de víctima.

Mientras pienses que todo es culpa de otra persona, sufrirás mucho. Cuando te des cuenta de que todo brota solo de ti, aprenderás tanto de la paz como de la alegría.

Dalai Lama

Adquirir velocidad

La velocidad es una habilidad importante basada en la experiencia que puedes y debes adquirir. En muchas áreas nos clasifican según nuestra velocidad. Por ejemplo, cuánto hemos logrado durante el día, o cuán lejos hemos llegado en nuestro negocio a lo largo del año. Ejercita y practica cada acción para que puedas mejorar tu velocidad de trabajo. Cuanta más experiencia ganes, más rápido serás.

Estos son algunos puntos clave que te ayudarán a ganar velocidad.

- Selecciona proyectos en serie, para que puedas aprender la habilidad requerida una vez y aplicarla nuevamente a medida que mejores y aumentes la velocidad de tu rendimiento.
- Selecciona un área que te interese para que puedas seguir participando en ella y mejores de manera progresiva. Si sigues moviéndote de un área a otra cada vez que necesites adquirir un nuevo conjunto de habilidades, no aumentarás lo suficiente tu ritmo de rendimiento, y no lograrás una ventaja competitiva.
- Selecciona proyectos simples que no requieran un amplio conjunto de actividades. Cuanto más simple sea la operación, más fácil te resultará conseguir rapidez en su ejecución. Escribir un libro de 200 páginas sobre un tema complejo será un proceso mucho

más lento que un libro de 50 páginas que trate sobre un área específica bien definida.

- Busca áreas en las que puedas destacarte. Si puedes aprovechar tu experiencia en un área específica y sacar partido en tu próximo proyecto, te resultará mucho más fácil ganar velocidad y lograr resultados impresionantes en poco tiempo.

❖ **AMIT OFFIR**

Luego de dibujar más de 500.000 guijarros, hoy puedo completar un dibujo en menos de 12 segundos. La velocidad es la clave de la efectividad.

La velocidad no es un valor independiente. Para ser efectivo, debes combinarla con otros factores como la precisión y la capacidad de diferenciar y priorizar entre importancia e insignificancia.

En mi opinión, una de las habilidades más importantes en la vida es la capacidad de adaptación (capacidad de una persona de ajustarse a un entorno cambiante). Cuanto más rápido te acostumbres a los cambios de la vida, de los negocios o del entorno laboral, y te adaptes a estos, serás más efectivo y, en consecuencia, alcanzarás tus objetivos más rápido.

Perspectiva BuDo

Si bien la velocidad es muy importante en las artes marciales, pasamos mucho tiempo adquiriendo las habilidades pertinentes que nos permitan llevar la delantera, incluso cuando nos enfrentamos a un oponente más rápido (siempre se presentará uno). Esto se logra, por ejemplo, al adquirir la habilidad de evaluar al oponente, anticiparte a su próximo movimiento desde el comienzo, ubicarte tres pasos "adelante", reducir el tiempo entre la identificación de una oportunidad y la respuesta real (antes del movimiento físico), emplear flexibilidad mental para una adaptación efectiva a las circunstancias cambiantes y actuar con total determinación y sin vacilación una vez que se presente la oportunidad. En la "vida fuera del *dojo*", todos estos son muy aplicables y pueden utilizarse para compensar la relativa falta de velocidad o para mejorar tu efectividad además de tu velocidad a medida que aprendes a evaluar a las personas, te anticipas a su próximo movimiento (comercial) desde un principio, predices las tendencias del mercado y actúas con flexibilidad adaptándote a las circunstancias siempre cambiantes.

Perseverancia y paciencia

La mayoría de las personas que desean abrir un negocio suelen estar interesadas en disfrutar de sus resultados lo antes posible. Una de las cualidades más importantes para el éxito es la perseverancia. Esta capacidad está muy limitada en la mayoría de las personas cuando los resultados deseados llegan tarde. Muchos de ellos se dan por vencidos demasiado pronto y continúan con sus vidas. Esa es la fórmula garantizada para fracasar una y otra vez.

Si te desanimas rápida y fácilmente y no puedes esperar para disfrutar de los beneficios tempranos de tu iniciativa, lo más probable es que también te encuentres involucrado en más de un proyecto y estés buscando una manera rápida de convertirte en una persona adinerada y exitosa.

No hay nada de malo en enriquecerse a partir de una tarea fácil. Si encuentras un modelo de negocio para eso, estaremos encantados de que lo compartas con nosotros. A partir de nuestras iniciativas exitosas y la experiencia adquirida, podemos decirte que todas las personas exitosas que conocemos han trabajado arduamente para lograr sus objetivos.

No estamos hablando de quienes nacieron en familias adineradas y famosas, beneficiadas con un buen punto de partida. Nos referimos a las personas que construyeron sus

"

negocios desde los cimientos. Un factor clave que les ayudó a tener éxito y a diferenciarse de otros que fracasaron fue su perseverancia y determinación para aprender y mejorar una y otra vez haciendo lo que sea necesario para alcanzar los objetivos establecidos.

El límite entre el éxito y el fracaso es muy delgado, por lo que a menudo las personas se rinden a pasos del éxito, sin siquiera saberlo. Si hubiesen tenido la fuerza para continuar un poco más, habrían descubierto que el tesoro escondido se encontraba a solo unos pasos por delante, justo antes de que decidieran rendirse.

Vale la pena aclarar que lo anterior no significa que debas seguir invirtiendo a ciegas en un negocio en quiebra. Si bien te alentamos a que seas persistente y no te rindas temprano, la misma importancia tiene evaluar de manera constante y objetiva tu progreso. Lo debes comparar con las condiciones variables del mercado para así asegurarte de no ignorar los hechos e invertir imprudentemente en la dirección incorrecta. A veces se necesita mucho coraje para admitir que has invertido tiempo, esfuerzo y dinero en la dirección equivocada, y que ha llegado el momento de volver a calcular una nueva ruta. No te apegues emocionalmente a tus decisiones pasadas, evalúalas periódicamente y cámbialas según sea necesario en función de datos objetivos, actualizados y reales.

Ser imprudente

Cuando actúas sin pensar o de manera impulsiva sin comprender el significado o las consecuencias de tus acciones, estás arriesgando tu negocio.

Igual que muchos otros, a veces hemos sido imprudentes y hemos pagado el precio; ahora somos conscientes de la sabiduría de planificar con anticipación y no hacemos nada sin un análisis formal.

❖ Amit Offir

Recuerdo innumerables ocasiones en las que tenía tantas ganas de emprender un nuevo proyecto, sociedad o negocio que ni siquiera llegué a un acuerdo antes de comenzar el trabajo, no cumplí con las expectativas, no definí adecuadamente las tareas y las responsabilidades, y tampoco creé un método de trabajo comprensible. Cada vez que hice las cosas de esta manera, tuve que volver a empezar. En algunos casos encontré formas de corregir los errores y mejorar para que el tiempo perdido fuera mínimo. En el peor de los casos, tuve que desarmar todo y reconstruirlo. Es maravilloso que exista pasión y entusiasmo, pero trata de pensar y planificar el futuro antes de comenzar a trabajar, y así evitar situaciones incómodas y posibles desastres que podrían ocurrir en el camino si no existe una suficiente planificación previa.

Falta de experiencia

La falta de conocimiento y experiencia puede jugar un papel crítico al retrasar o impedir los resultados deseados.

Si deseas ser un experto en tu área pero sientes que aún no la dominas, intenta no frustrarte demasiado. Ten en cuenta que, a menudo, solo se trata de una cuestión de mayor formación, repetición, investigación y perseverancia.

Cada cosa nueva que hagas tomará más tiempo la primera vez. La única manera de acelerar el trabajo en un nuevo proyecto es adquiriendo más experiencia. Muy pronto descubrirás que trabajar en tu próximo proyecto te llevará menos tiempo a medida que aumentes tu productividad.

Por lo tanto, te alentamos a elegir proyectos en serie en los que puedas adquirir una habilidad que sea fundamental y la apliques nuevamente en tus próximos proyectos de similares características, a medida que mejoras tus resultados y reduces el tiempo necesario.

Una forma eficiente de evitar los fracasos del principio, cuando aún no posees experiencia, es comenzar poco a poco, y cometer todos los errores en iniciativas de menos alcance y menor riesgo. No cometas el común error de intentar tomar un atajo a expensas de la experiencia. Esta es la receta del fracaso y un riesgo innecesario. Sé responsable y paso a paso estarás en el camino hacia la cima.

Recuerda: **cada maestro alguna vez fue un desastre.**

O como solía decir sensei Nishiyama: **"Sigue intentando y haz tu mejor esfuerzo".**

Parte XII

Resumen

Adquirir habilidades requiere de un entrenamiento y la vida es tu campo de entrenamiento. La vida está repleta de desafíos, situaciones de estrés, conflictos y, a veces, fracasos. Existen grandes oportunidades para poner en práctica las ideas, las herramientas y los métodos presentados en este libro, a medida que enfrentas los obstáculos en tu camino y te conviertes cada vez en una persona más efectiva y, en consecuencia, exitosa mientras mantienes una vida equilibrada y feliz.

Presentamos nuestra definición de suerte y el éxito resultante en la simple fórmula siguiente:

suerte = (oportunidad) + (preparación)

Te animamos a que implementes esta "fórmula del éxito" al aplicar las herramientas y métodos descritos a lo largo de este libro.

Esta "fórmula del éxito" puede describirse de una manera simple, como la combinación de dos elementos principales que, una vez aplicados de manera conjunta, te permitirán lograr cualquier objetivo que te propongas y, de hecho, constituyen los temas principales en los que se basa este libro:

1. **Tomar el control sobre ti mismo y, en consecuencia, de tu vida: "liderazgo personal".**
2. **La capacidad de identificar y crear oportunidades.**

Los "ingredientes del éxito" previamente mencionados resumen nuestra visión de la vida. Se exponen con muchos ejemplos a lo largo de este libro y pueden describirse como "tomar el control de manera proactiva", lo que a su vez implica:

- Establecer objetivos claros para ser consciente de todas las oportunidades que te rodean y las cuales puedes aprovechar para promover los objetivos establecidos.
- Crear nuevas oportunidades de manera proactiva.
- Para estar listo y aprovechar al máximo una oportunidad en el momento de que se presente, debes hacer todas las acciones necesarias, adquirir los conocimientos, la experiencia y las habilidades fundamentales.

La vida no es una póliza de seguros y el éxito nunca está garantizado. Sin embargo, al aplicar las herramientas que este libro proporciona en tu conducta diaria y en tu rutina de trabajo, mejorarán sin dudas tus "probabilidades del éxito" y ayudarán a que la SUERTE te encuentre.

Mantener el equilibrio no debe confundirse con "quedarse atrapado". Este libro fue escrito para alentarte y brindarte las correspondientes herramientas para tomar un control proactivo de tu vida en tu viaje de descubrimiento y crecimiento, y así lograr una mejor vida y objetivos significativos al mantener una vida saludable, equilibrada y, por lo tanto, feliz.

La vida es como andar en bicicleta. Para conservar el equilibrio, debes mantenerte en movimiento.

Albert Einstein

Confiamos en que la implementación de las ideas, herramientas y métodos presentados a lo largo de este libro marcarán una verdadera diferencia en tu vida, convirtiéndote en una persona megaefectiva y guiándote hacia el éxito.

Al leer este libro, ya estás en el camino correcto hacia tomar el control. Te alentamos a llevar esto al siguiente nivel, con la implementación de las herramientas que presentamos en tu vida y para tu éxito constante.

Por último, esperamos que el libro te haya abierto la puerta al tesoro del conocimiento acumulado durante siglos por BuDo, y que seas consciente de que esta sabiduría ancestral es muy útil y aplicable a muchas situaciones humanas, más allá del contexto de autodefensa al que generalmente es asociado. Si deseas profundizar en este increíble "mundo BuDo" y aprovechar su sabiduría en tu vida, visita el sitio web de BuDo-Way en: https://www.budo-way.com/

La espada debe ser más que una simple arma; debe ser una respuesta a las preguntas de la vida.
Miyamoto Musashi, en *El libro de los cinco anillos*

No dudes en contactarnos ante cualquier inquietud. Estaremos encantados de hacer nuestro mejor esfuerzo para brindarte orientación profesional y ayuda en tu camino hacia el éxito personal y profesional.

Es tu vida,
toma el control sobre ella,
transforma tu mente,
crea tu mundo,
disfruta el camino al éxito.